DESNUDANDO LA IDOLATRÍA

Derribando los argumentos que por años nos han hecho fallar ante Dios

2ª Edición

AUTOR: EDUARDO MANRIQUE

DESNUDANDO LA IDOLATRÍA

Derribando los argumentos que por años nos han hecho fallar ante Dios

AUTOR: EDUARDO MANRIQUE

Segunda Edición: Marzo 2024

Todos los Derechos Reservados
Publicado por Eduardo Manrique
ISBN: 9 798224 907076
Distribuido por:

Draf2Digital
Amazon.com
Autores Editores
Smashwords
Rakuten Kobo Inc

Impreso por:

Autores Editores / www.autoreseditores.com

Lulu Press, Inc. / www.lulu.com/es

Smashwords. / www.smashwords.com

Dedicatoria

Este libro es ante todo, un tributo de honra, alabanza y adoración a Jehová, el único Dios que vive y reina. Porque sin su poderosa presencia, su amor y su misericordia hubiese sido imposible salir del mundo oscuro de la idolatría en el que estuve inmerso. ¡A Dios sea por siempre la Gloria, la Alabanza y la Adoración!

A mi esposa Egda, por ser la razón de todos mis esfuerzos. Gracias por no agotar jamás tus oraciones para ser guiado a los caminos del Señor.

A mis hijas Janielyz y Oriana, por ser la inspiración que me impulsa cada día a ser un mejor, mis consentidas, mi mayor orgullo.

A mis amados nietos Matías Andrés, Emanuel David, Eva Romina e Ian Baptiste, por ser la alegría y la esperanza de mi legado.

A mi Padre, quien fue llamado a los Cielos y de quien extraño profundamente cada buen consejo. Sé que hoy estaría muy orgulloso de mí.

A mi Madre, quien recientemente partió al descanso eterno, gracias por mostrarme siempre la constancia, para no renunciar jamás.

A todos Ustedes, gracias... los amo desde el corazón.

Eduardo Manrique

Agradecimientos

Esta es la publicación de la 2da edición del más personal de mis libros, y no puedo dejar de expresar mi agradecimiento:

A Dios Padre, Dios Hijo y Dios Espíritu Santo, por guiar mi mente, mi corazón y mi espíritu en la escritura de este testimonio, para ser divulgado con la revelación de su palabra a todos los que necesitan fuerzas para abandonar las sendas del engaño en donde están sumergidos, y puedan reencontrar el camino de esperanza que les devuelva la fe y la confianza en Dios.

A mi esposa, hijas y nietos por ser lo mejor de mi vida.

A todos los que de alguna manera, colaboraron en la elaboración de este libro. A todos Ustedes, muchas gracias.

Sé que este libro será de bendición para muchas personas, gracias.

Eduardo Manrique
10 de marzo de 2024

DESNUDANDO LA IDOLATRÍA

Eduardo Manrique es un cristiano, que se ha enfocado en los últimos años al estudio Bíblico, al entendimiento de la palabra de Dios y su enseñanza.

De profesión administrador, se graduó de T.S.U. en Gerencia Pública, del Instituto Universitario de Profesiones Gerenciales – I.U.P.G. de Caracas – Venezuela, con mención honorifica como el primero de su promoción en el 2009.

Su legado inicia con la redacción de su primera obra: "De Pie en la Brecha", libro que le impulso a profundizar en la preparación y difusión de temas sustentados en la palabra bíblica, y la oportunidad para impartir diferentes enseñanzas de crecimiento espiritual en variados escenarios.

Su trabajo como "Intercesor" lo ha comprometido con las personas en el estudio continuo de la Biblia, asumiendo el reto de buscar un método más sencillo para enseñar las escrituras. Es así como ha logrado perfeccionar un estilo muy personal para expresar la palabra de Dios sin tantas complejidades, ofreciendo un mayor entendimiento e interpretación para los nuevos intercesores, el pueblo cristiano, e incluso entre creyentes de diversas religiones.

"Desnudando la Idolatría", refleja la narrativa de su propio testimonio, logrando plasmar en él, la experiencia de haber estado inmerso en la hechicería, el espiritismo y la santería antes de servir a Dios, y de donde pudo salir victorioso para Gloria de Dios.

Este libro pretende entregarle esas mismas armas, esa misma fuerza y esos mismos argumentos sustentados en la palabra del Señor, para que Usted pueda derribar los muros donde se oculta la idolatría y detectar todo aquello que se ha disfrazado para engañarlo, haciéndolo fallar durante años en su relación con Dios.

Contenido

Introducción

Si alguien me dijese, como se debe empezar a escribir un libro, aceptaría de inmediato su consejo porque en realidad no sé por dónde empezar.

No me considero un escritor, creo que en la vida intentaría serlo. Nunca me pudiese comparar con hombres de la talla abismal de un García Márquez, Paulo Coello o un Pablo Neruda. Esos son verdaderos autores con increíbles argumentos y dotes literarios que simplemente, me dejan al margen de solo mencionarlos.

Pero a diferencia de ellos, jamás he desestimado el don que Dios me ha dado para escribir, y mucho menos despreciar la capacidad que tengo para plasmar en papel, todo lo que él me inspira.

Sé que a Dios le place derramar su sabiduría, en quienes le buscan de corazón y yo simplemente me dejo usar por él para lo que sea necesario escribir.

He podido darme cuenta que lo que escribo, tiene la capacidad de calar en el corazón de las personas y les aporta un punto de vista diferente en la forma de entenderlas. Creo que de algún modo propicio transformaciones positivas en aquellos que logran leer mis trazos.

¡Posiblemente sea este, mi mayor talento!

Incluso me siento a gusto escribiendo en primera persona, porque me da la sensación de conversar con aquellos que me leen. Ciertamente me permite hablarles como si Usted y yo estuviésemos frente a frente. Me da la oportunidad de establecer una especie de relación íntima y particular con Usted, al ser empático con sus adversidades.

En este sentido y entrando en materia, más allá de lo que yo pueda pensar o creer, estoy espiritualmente obligado a hablarle de este tema que para muchos es "incómodo" pero que para Dios es trascendental.

Es necesario que Usted conozca a lo que se enfrenta cuando se para del lado incorrecto ante Dios. Entender lo que propicia a su vida un simple acto de curiosidad, necesidad o vanidad, y las secuelas que inevitablemente dejará en Usted, su familia, sus hijos, sus nietos y sus generaciones.

Partiendo de la base y la presunción de su inocencia, o más allá de la perversidad o anhelo de su espíritu por alcanzar lo que quizás le es imposible lograr por medios lícitos, debo ser sincero con Usted desde el principio para que nuestra relación fluya sin prejuicios, y advertirle que no será fácil, ni grato a sus oídos lo que voy a tener que decirle.

Y espero con ello, no cuestionar para nada su religiosidad, sus creencias o su fe… ¡Así que le pido, no cierre el libro si lee algo que le cause molestia! No es mi propósito incomodarlo.

De haber tenido en mi juventud la oportunidad, a que alguien me hablara o me explicara lo que hoy sé, me hubiese ahorrado muchos momentos difíciles, dolorosos, lágrimas, miedos y sacrificios.

Si hubiese entendido el propósito de Dios para mi vida en mi juventud, quizás fuese un hombre distinto.

Pero si algo he aprendido de Dios, es a no quejarme de lo vivido y aceptar con gozo cada proceso, entendiendo que de no ser por cada mal paso y por cada error de mi juventud, no hubiese podido tener el camino que hoy tengo en Cristo.

Y más aún, tampoco tuviera el galardón que hoy me reviste de autoridad sobre lo que he vencido, y poder ser esa voz que Usted necesita para no caer en el abismo. Estoy seguro que en algún momento Usted también agradecerá haber leído este libro.

Este es un tema del cual he debido hablar, escribir e informar desde hace mucho tiempo. Pero sé que el Señor entiende ¡Para él nunca es tarde!

De igual forma, sé que hay muchos que creen saberlo todo sobre este tema, que no tienen nada nuevo que aprender, pero le aseguro que nadie conoce tanto como yo de sus consecuencias.

Como le dije en un principio, acepto el consejo de cualquiera que me pueda ayudar a escribir este libro, porque si bien es cierto que no me considero un gran escritor, también es cierto que le hablaré desde mi experiencia, desde mis errores, desde mis vivencias, sin procurar hacer de esto una autobiografía.

Sin embargo, incluiré en mis relatos todos los conocimientos adquiridos durante estos últimos años y todos los estudio realizados al respecto, sin pretender declararme con ello en una autoridad sobre la materia.

Siento la necesidad de explicarle, que lo que está en juego no es la temporalidad de su vida en este mundo finito, sino lo que será de su espíritu, su alma y existencia por el resto de la eternidad.

No estoy acá para convencerle de nada, porque el único que convence de pecado al inconverso y de justicia al creyente es el Espíritu Santo de Dios, más si tengo el deber de advertirle hacia donde lo conducen los pasos que está por dar o que quizás ya está transitando sin medir riesgos ni consecuencias.

Sin ser dramático o excesivamente emocional, créame cuando le digo que tendré que sumergirlo en un mundo oscuro donde solo Dios tiene el poder para rescatarle, y donde muchos lamentablemente se pierden, en los intrincados laberintos de la oscuridad de forma irremediable para siempre.

Es por ello que pretendo mostrarle una salida y espero que Usted pueda apreciarla tanto, como yo lo hice.

La experiencia o la autoridad que me ha sido otorgada (sin ánimo de presumir) para desnudar los argumentos planteados por la idolatría, la brujería, la hechicería, el espiritismo, la santería, el oscurantismo y la veneración de imágenes, solo pretenden llegar a Usted como: esa voz de oportunidad que yo no tuve.

Para que logre enterarse a tiempo de los riesgos que estas prácticas implican sin que ello le cause temor, miedo o angustia.

Sé que para Usted, oír esta aseveración no será placentero, pero para nada me enorgullece haber sido instrumento de las tinieblas. Gracias a Dios pude ser llevado de la oscuridad absoluta a la luz perpetua, y lo que más me impulsa a hablarle, es que si Dios lo hizo conmigo estoy seguro que también lo hará con Usted.

Es por ello que puedo garantizarle, que desde el mismo instante en que Usted se arriesgue a iniciar conmigo esta travesía de revelaciones, conocerá, reconocerá y entenderá que solo Dios tiene todo el Poder, toda la Majestad y toda la Gloria por siempre, y más aún, aprenderá que cuando Dios ve a sus hijos en desgracia, es cuando Dios se engrandece y se hace Dios.

Gracias por la oportunidad que me dan, de darle a conocer la verdad de Dios en este tema, y no la mía.

Capítulo I - El Orden del Padre

Alguien me dijo una vez: "Todo aquello que se venere y que sea distinto a Dios es idolatría"

Para los hombres esto no representa mayor problema porque venerar e idolatrar son condiciones propias de la naturaleza humana. Pero ¿ha pensado alguna vez lo que esto constituye para Dios?

La veneración a todo aquello que sea distinto a Dios, es el primer paso para caer sin darnos cuenta en las telarañas del enemigo. Y eso, sin pretender atemorizarlo, tiene consecuencias.

Pero empecemos por el principio. Quien no ha dicho con su boca:

¡Mi Madre es mi ídolo! O quizás a dicho ¡Mi mayor ídolo, ha sido siempre mi Padre!

Ciertamente Usted está expresando la profunda admiración que siente por sus padres, el respeto que tiene por ellos, el agradecimiento por sus enseñanzas, por su sacrificio. Usted busca exaltar o reflejar con sus palabras, el que hayan sido siempre su mayor ejemplo a seguir.

Tal vez, el no mencionar su abnegación es como desvalorizar lo que ellos son para Usted o negar todo lo que han hecho simplemente por amor, para que Usted sea lo que es hoy.

Eso es encomiable, verdaderamente digno de reconocimiento y admiración. Y sepa que para Dios también es importante, por eso fue enfático y lo dio por mandamiento cuando dijo:

"Honra a tu padre y a tu madre, como Jehová tu Dios te ha mandado, para que sean prolongados tus días, y para que te vaya bien sobre la tierra que Jehová tu Dios te da"

Deuteronomio 5:16

De hecho, este es el quinto de los mandamientos que Dios entregó a Moisés en las tablas sagradas.

Ahora bien, supongo que Usted sabe que la palabra del hombre tiene poder, porque por el verbo todo fue hecho y por palabra de Dios todo fue creado. Por ello debemos cuidar la "palabra" antes de soltarla, es decir, hay que cuidar lo que hablamos y las palabras que utilizamos para decir las cosas.

No podemos ni debemos confundir la "honra" con la "idolatría"; son conceptos totalmente opuestos. Tanto es así, que una palabra o acción de honra te acerca a las bendiciones de Dios y la idolatría lo aleja de él, por lo que solo trae maldición, tragedia y confusión a su vida.

Posiblemente en este instante no tenga muy claro todavía lo que significa "idolatría" pero le aseguro que en la medida que avancemos, podrá entender a plenitud su significado.

De momento le diré, que lo correcto sería entonces decir: ¡Mi modelo a seguir, ha sido siempre mi Padre! o ¡Mi Madre es mi ejemplo de vida! Con estas expresiones Usted está "honrando" la obra de sus padres, más no está profesando o marcando palabra de idolatría hacia ellos ¿Me está comprendiendo?

Permítame seguirle explicando. Existe una razón capital que está plasmada y determinada en la Ley de Dios (si no lo sabe, me refiero a los mandamientos de Dios) y que aquí, vamos a examinar con detenimiento para ir adentrándonos en el tema.

Pero quiero llevarlo paso a paso para que mis argumentos no sean mal interpretados, porque existen muchas creencias arraigadas desde el hogar, preconcebidas desde los modelos religiosos inculcados por la familia e incluso desde la base de su fe que distan grandemente de lo que verdaderamente Dios ha dispuesto.

Como Usted sabe, la Biblia es el libro que sustenta la palabra de Dios. De no ser por ella, nada de lo que Usted cree saber de Dios existiera.

"Toda la Escritura es inspirada por Dios, y útil para enseñar, para redargüir, para corregir, para instruir en justicia, a fin de que el hombre de Dios sea perfecto, enteramente preparado para toda buena obra."

2 Timoteo 3:16-17

La misma fue dictada, revelada e inspirada por Dios a los hombres y contiene su esencia, su sabiduría y todo lo que espera de nosotros sus hijos para alcanzar la salvación y la vida eterna.

Y es la aceptación de la Biblia como la palabra de Dios, el primer paso que le proporcionará una vida como creyente en Dios.

Por eso necesito que se enfoque, no en lo que yo pueda decirle, sino en lo que la palabra de Dios le dice en cada una de las escrituras bíblicas. ¡Esa es la única palabra en la que debe creer!

Aclarado este punto, es momento de empezar a entender lo que Dios nos habla por encima de las doctrinas creadas por los hombres, porque en ellas no está la verdad que Dios envió a los hombres para ser cumplida.

Esto tampoco se trata de religión. Por experiencia sé que la religión solo se orienta en tratar de hacerle ver sus pecados en vez de darle una opción para salir de ellos; la religión ataca, devora, impone y consume, pero no aporta.

Jesús mismo sabía lo nocivo de la religiosidad, y les advirtió a sus discípulos al respecto, diciendo:

"En la cátedra de Moisés se sientan los escribas y los fariseos. Así que, todo lo que os digan que guardéis, guardadlo y hacedlo; más no hagáis conforme a sus obras, porque dicen, y no hacen. Porque atan cargas pesadas y difíciles de llevar, y las ponen sobre los hombros de los hombres; pero ellos ni con un dedo quieren moverlas."

Mateo 23:2-4

¡Por eso le pido que abra su mente y su entendimiento a la voz de Dios!

Comencemos estableciendo la primera verdad que Usted debe aprender de Dios hoy, y es que Jehová es un "Dios de Orden".

Así es, a Dios le encanta el orden. Así fue desde el primer día cuando ordenó al mundo. Dice su palabra en el principio:

"Y la tierra estaba desordenada y vacía,..."

Génesis 1:2

Y vemos con agrado como la primera tarea en la que Dios enfocó su esfuerzo fue en establecer el "orden" sobre lo que estaba "desordenado".

Este es un principio que nos revela la naturaleza de Dios y nos demuestra que todo lo que él hace, lo realiza con excelencia.

Por tanto, me atrevo a preguntarle ¿cree Usted que el orden en que fueron escritos por Dios los mandamientos es también importante?

Pues si me preguntasen a mí, le diría que yo creo que sí, ya que el orden establece siempre prioridades, jerarquías, preferencias y sobre todo determina los grados de importancia que tienen los asuntos ordenados.

Entonces imagínese la importancia que tiene para Dios, que estableció como su 5to mandamiento, el que Usted honre a su Padre y a su Madre.

Sin duda alguna, Dios necesitaba garantizar que los hijos cuidasen a su padre y a su madre del mismo modo, y con el mismo esmero y amor, con el que sus padres como pilares de la familia y del hogar, lo hicieron con sus hijos desde antes de su nacimiento.

Dios premia con este mandamiento la reciprocidad de los hijos haciéndolos corresponsables por medio de la honra. Y es tan intenso este mandamiento, que no crea excepciones.

Fíjese que el Señor no le dice a Usted, hónrelo "solo" si es buen padre o buena madre; ¡No! él le manda a que sin excusa honren a ambos, así ellos les hubiesen abandonado al nacer o le hayan ofrecido una niñez llena de carencias.

Porque no importa lo que sus padres hayan hecho o dejado de hacer, si fueron irresponsables o no, si fueron dedicados o no, si le dieron amor o no; porque por eso actos, ellos tendrán algún día que responderle a Dios y a Usted no le corresponde el juicio.

Para Dios, el simple hecho de que sus padres hayan sido el canal de bendición por el que él pudo darles la vida, es suficiente. Y si lo es para Dios, debe serlo para Usted también.

Por eso hónrelos así no los conozca, así no sepa quiénes fueron, así no sepa donde estén, así no hayan sido los mejores padres.

Ahora bien, más allá del entendimiento de este mandamiento, debemos tener muy en claro el criterio utilizado por Dios para jerarquizarlos, porque ciertamente para Dios sus mandamientos están establecidos en un orden de prioridad.

No con ello debemos afirmar que el último mandamiento es menos importante que el primero, porque no se trata de niveles o categorías de valor, sino de lo que verdaderamente le importa a Dios, lo que nos permite establecer la jerarquía que Dios le dio a cada uno de ellos.

Entonces avancemos en este análisis de prioridades que fueron claramente plasmados por el mismo Dios en la Ley que entregó a Moisés.

Si nos fijamos en el orden de los mandamientos, vemos que del 1ro al 4to, Dios se reservó toda la exclusividad para sí. Es decir, los cuatro (4) primeros mandamientos están dirigidos a establecer como debe ser el comportamiento "del hombre en su relación para con Dios".

Y antes de seguir debo aclararle, que en este capítulo hare énfasis en los tres (3) primeros mandamientos y el 4to lo mencionaremos posteriormente, ya que está más vinculado al tema del capítulo III, que a este.

Pero sigamos. Manteniendo el criterio del orden, vemos entonces que en los mandamientos a partir del 5to hasta el último, el precepto se encuentra enfocado al contrario. Ósea, establece la relación "de Dios para con los hombres".

Básicamente se pudiese decir, que fue la forma que Dios escogió, para darle instrucciones al hombre de todo lo que "No debe hacer".

Por ello recalco tanto (además que me encanta este mandamiento), la especial relevancia del 5to mandato que mencioné antes, ya que es el único mandamiento que te obliga a hacer, pero a su vez te premia con una promesa de bendición. Es decir, que si obedeces su precepto recibirás recompensa de parte de Dios.

Si partimos de este conocimiento inicial, podremos entender que Dios implanta desde el comienzo, la jerarquía de su presencia como una prioridad para el hombre. Por ello le recuerda, a modo de introducción, lo siguiente:

"Yo soy el SEÑOR tu Dios, quien te rescató de la tierra de Egipto, donde eras esclavo."

Deuteronomio 5:6

En esta poderosa afirmación, el Señor se presenta como el salvador que es de su pueblo escogido. Aquel que puso su mirada de misericordia sobre ellos y los liberó con brazo firme de la esclavitud, a la que fueron sometidos por más de 400 años a manos de Egipto.

Jehová prosigue después de esta introducción y escribe con su propio dedo "el primer mandato", que dice lo siguiente:

"No tendrás dioses ajenos delante de mí"

Deuteronomio 5:7

Sin ánimo de distraerle, voy a aprovechar la ocasión para enseñarle un detalle que escribí y quizás no vio, pero que reviste una vital importancia en lo que Dios estaba promulgando.

Y es la forma en que Dios escribió los 10 mandamientos de su Ley: no es un detalle menor el haberlo hecho directamente de su propia mano desde los cielos.

Este hecho es un evento transcendental y único en toda la palabra, porque no dejo Dios que manos de hombre distorsionarán su pensamiento con sus prejuicios. La ley nació directamente del corazón puro de Dios y debía ser entregada sin mancha, firme e incorruptible. ¡Y quien mejor que Dios mismo para que fuese así!

Pero ahora al regresar al tema, le pregunto ¿Por qué cree Usted que Dios escribió, "la tenencia de dioses ajenos" como su primer mandamiento?

¿Acaso se estaba comparando con otros dioses o estaba estableciendo su dominio absoluto como el único Dios?

Si me preguntan a mí, yo creo que Dios estaba estableciendo de manera formal: que él tiene "El Primer Lugar" en TODO y que ningún hombre puede colocar a NADA ni NADIE delante de él.

Y esto es fundamental entenderlo porque constituye la base del temor a Dios.

Para mí el gran "Yo Soy" le está ordenando a Moisés: *ve y dile a mi pueblo que NADA está por encima de mí, y NADIE me quita el "Primer Lugar" ni en la tierra ni en los cielos*. ¡Así de claro!

Pero como le dije en el principio, Usted no debe creerme a mí, créale a Dios. Por tanto cuando le abrumen las dudas o las preguntas, no se desespere. Haga como hago yo, acuda a la única fuente que contiene toda la sabiduría y donde están plasmadas todas las respuestas: la palabra de Dios.

Y así sabrá, las razones y argumentos que Jehová dio a los hombres, en relación a su primer mandamiento:

"...porque yo soy Jehová tu Dios, fuerte, celoso, que visito la maldad de los padres sobre los hijos hasta la tercera y cuarta generación de los que me aborrecen, y que hago misericordia a millares, a los que me aman y guardan mis mandamientos."

Deuteronomio 5:9-10

Fíjese que Dios se toma la molestia de explicar con detalles, y mire que cuando Dios hace esto es para que no quede ni un ápice de duda, ni el más mínimo espacio, ni dejar una sola rendija por donde el enemigo pueda colarse a sembrar su cizaña, donde se genere alguna indecisión.

Y es que este mandato, no está sujeto a mayor interpretación o mucho menos a discusión. No cabe en él, ningún titubeo razonable: Jehová fue claro al expresar que él es nuestro "único Dios" y que es "Celoso".

Al respecto, debemos aclarar el "Celo" más allá del aspecto posesivo de sospecha o inquietud sobre la persona amada con lo que comúnmente se le conoce, en la mundana relación que tenemos como concepto de las cosas.

El "Celo" de Dios está referido a: el cuidado, la diligencia, el esmero y el interés extremo que Dios pone sobre el hombre. Lo que le coloca, como el ser más importante de su creación, lo más sagrado, lo más sublime y delicado.

Y es lógico, porque Él nos hizo a su imagen y semejanza, por tanto su "Celo" hacia lo que somos y hacemos se hace mayor. Dios es genuino al celar lo que contiene un pedacito de él mismo.

Y pensará que me he ido por las ramas, pero no pierda el enfoque. Sé que Usted se está preguntando ¿y que tiene que ver la idolatría con dioses ajenos?

Es entonces cuando cobra importancia el orden del que le he venido hablando en que Dios escribió su Ley. Recapitulemos un poco para no perdernos en las múltiples ideas que hemos venido desarrollando.

Hasta acá hemos visto su primer mandamiento y las razones que nos dio Dios de su ordenamiento. Por tanto, entendemos que lo primero que Dios nos dijo fue: "no tengas dioses ajenos a mí" ¿cierto?

Mandato que tiene la firme intención de fijar cuál es la posición de Dios y que te deja una única opción:

"... amarás a Jehová tu Dios de todo tu corazón, y de toda tu alma, y con todas tus fuerzas"

Deuteronomio 6:5

¿Quedó claro hasta aquí? Espero que sí.

Para mi está suficientemente claro el hecho de que "nadie" le roba a Dios el primer lugar ni en el corazón, ni en el alma, ni en la mente del hombre.

Pero no todo quedó allí. Luego vino el 2do mandato el cual complementa al primero diciendo:

"No harás para ti escultura, ni imagen alguna de cosa que está arriba en los cielos, ni abajo en la tierra, ni en las aguas debajo de la tierra. No te inclinarás a ellas ni las servirás;..."

Deuteronomio 5:8-9

Y este mandamiento parece más revelador y exigente que el primero.

Este segundo mandato viene dado, porque Dios sabe y conoce la naturaleza del hombre, que tiende o se inclina por venerar aquello que él no comprende, lo que es más grande que él, más poderoso que él, más fuerte que él.

Dios sabía que el hombre que él hizo, fue hecho para "adorar". De hecho lo hizo así para que le adoraran solo a él en todo tiempo y lamentablemente no fue así.

¡Ojo! esto no quiere decir que Dios se equivocó. Dios es perfecto, pero nosotros no. Es el hombre quien se equivoca, él es quien cambia de parecer. Ciertamente el hombre "adora" conforme a los temores de su corazón.

Porque el hombre por naturaleza se hace sumiso a lo que no puede dominar, se doblega ante lo que no puede derribar. Si Usted analiza la condición física y emocional del ser humano encontrará que somos seres quebradizos, que la vida se nos puede escapar en un segundo y que las emociones nos dominan.

Porque Dios nos hizo frágiles para que fuéramos dependientes de él. Para que acudiéramos a él a exponer nuestra debilidad y ser él, el Dios que suple, que proporciona y que sustenta.

Y eh aquí, el mayor error que ha cometido el ser humano desde su creación y que le ha traído nefastas consecuencias al ser: egoísta, vanidoso, arrogante, orgulloso y altivo. El presumir ser superior y no necesitar la ayuda de nadie.

Cuando el hombre cree poder hacerlo todo por sus propias fuerzas, es cuando más rápido sucumbe ante sus pretensiones. Y cuando asume que todo lo que ha logrado, ha sido por cuenta propia, que todo ha sido gracias a su inteligencia sin dar crédito a Dios por los dones y talentos que este ha puesto en él, es cuando el hombre se cae de los pedestales que el mismo se construye.

Y créame cuando le digo que esto le duele más a Dios que a Usted.

Cuando a la imperfección arrogante del hombre, le sumamos la desobediencia, nos encontramos frente a un ser lleno de creencias propias que se interpone a cualquier orden establecido; incluso, aquel que Dios le había construido.

Bien nos aconsejaba Salomón, el hombre al que Dios le entregó la mayor sabiduría sobre la tierra:

"No seas sabio en tu propia opinión; Teme a Jehová, y apártate del mal;"

Proverbios 3:7

Si hay algo que Dios entendía, era que nuestro corazón era manipulable fácilmente y que cualquier cosa lo podía hacer sucumbir. Que debíamos lidiar con nuestra fe y que seriamos impresionados por lo que el mundo nos ofrecía.

Y Usted debe aprender, que la única forma de mantener un corazón fuerte e inquebrantable, es por medio de una relación constante con el Padre y el entendimiento en obediencia incuestionable de su palabra, porque la sujeción a Dios no admite cuestionamiento.

Por ello Dios fue tan enfático en su mandato: *No te hagas esculturas, no te hagas imágenes. No las construyas porque no te hacen falta.*

Dios nos dijo: *No las quiero, no las necesito, ni tu tampoco.*

Y esa predisposición del hombre que busca entender por vista, aquello que sus ojos no logran ver, es la debilidad de la cual se aprovecha enemigo de Dios para conducirlo a la "idolatría", para instigarlo a construir "imágenes".

Porque si algo tiene claro el enemigo es su propósito. A él le interesa corromper su corazón para dejarlo vulnerable frente a Dios, y créame que robarle la paz es la menor de sus intenciones.

Entienda esto: "El busca enemistarlo con Dios, persigue confrontarlo con lo que Dios le dio por mandato divino".

Los Idolatras se valen de cualquier cosa, objeto, forma o figura para hacer de esto, lo que ellos llaman una "representación". Él adversario sabe dónde atacarlo, por ello trata de hacerle creer que la "Imagen" es la "representación" de lo que Usted busca.

Y acá es donde le digo: Usted no se ha puesto a pensar, que si Dios hubiese querido que le hicieran una esfinge, un monumento o un retrato ¿no se hubiese mostrado al mundo?

Yo estoy seguro de que lo hubiese hecho, para que se construyera una réplica exacta de él y no una imagen imperfecta dejada a la imaginación.

Pero contrariamente a eso, Dios no ha tenido jamás esa pretensión, y fue el mismo Dios quien advirtió a Moisés al respecto cuando le dijo:

"No podrás ver mi rostro; porque no me verá hombre, y vivirá".

Éxodo 33-20

Y es que Dios no pidió al hombre que le "representara" de ninguna forma. Por el contrario nos exhortó a no hacer imagen, e hizo hincapié en que fuera no de "algunas cosas" sino de "nada" en su totalidad.

Fue claro al prohibirnos en su segundo mandato, de no hacer imagen alguna de "nada" que esté en la tierra y "nada" que se encuentre en los cielos. ¿De qué otra forma quiere que se lo digan?

Bajo ninguna circunstancia, puedo dejar pasar el 3er mandamiento del Padre, porque es parte del orden establecido y del que ningún hombre está exonerado:

"No tomarás el nombre de Jehová tu Dios en vano; porque Jehová no dará por inocente al que tome su nombre en vano."

Deuteronomio 5: 11

Note y entienda lo siguiente: Dios nos manda como primer punto a "no tener dioses ajenos", luego nos manda a "no hacer ningún tipo de imagen" y es después de aclararnos el porqué de estas cosas, que nos dice que "no menciones mi nombre en vano"

Y por si fuera poco, Usted debe aprender del 3er mandamiento de Dios, que es el único mandamiento al que el Señor le agregó una "amenaza".

¡Si, así como lo oye! El no entenderá como excusa su inocencia, si Usted utiliza de mala forma su bendito y sagrado nombre.

Yo no sé si Usted logra captar la jerarquía e importancia que Dios le da a sus cosas, pero cualquiera pensaría que para Dios resguardar su sagrado nombre debía ser lo primero, y créame que hasta yo lo hubiese pensado igual.

¡Pero No, no se trata de eso! se trata de la forma en que Dios estaba pensando "organizar" al hombre, ósea, se estaba adelantando a la manera que Usted y yo debemos hacer las cosas para con él. Él visualizó como deberíamos relacionarnos ante él, como debía ser nuestro trato para con él.

Y lo que voy a revelarle es lo que quizás Usted jamás tuvo reparo en percatarse, en todos los años en que ha recitado hasta de memoria, los mandamientos de Dios.

Cuando Dios nos dice: "no tengas dioses ajenos" nos está cuidando de aquellos "dioses" que se alojan en nuestro corazón.

Cuando se refiere a: "no hacer ningún tipo de imagen" nos está cuidando de lo que tú puedes crear con tu mente, de lo que puedes hacer con tu pensamiento.

Pero cuando te dice: "no tomes en vano mi nombre", está cuidando la palabra que puedas emitir con tu boca, esa palabra que es capaz de herir a Dios.

Así que, si Usted anhela una relación prospera con Dios, trabaje en el mismo orden que Jehová tu Dios preparó para tu vida. Cuidando tu corazón, tu mente y tu palabra.

Debo confesar, que me da gusto poder mostrárselo, porque de seguro nunca había analizado el orden de los mandamientos como una prioridad para Dios.

Porque el detalle de los falsos dioses, la adoración de imágenes y la posterior idolatría, no es por lo que siente el hombre. Aquí lo que importa, es lo que siente Dios al respecto.

Por eso quisiera dejarle antes de proseguir, la enseñanza que Dios le dio a Jacob con respecto a la veneración de otros dioses, la Idolatría y las Imágenes.

Espero que el Espíritu Santo le llene de sabiduría y discernimiento en este momento y le de revelación sobre lo que vamos a tratar. ¡Para que nunca caiga en las redes del enemigo!

No existe en toda la Biblia, una forma más amorosa de explicar lo que siente Dios cuando el hombre busca de idolatrar imágenes. No en vano dijo: *"No te inclinarás a ellas ni las servirás;..."*

En esta palabra, Dios le muestra amorosamente a Jacob, lo irracional de la idolatría. Quiero enamorarlo con la explicación y la enseñanza que Dios le dio a Jacob y que se encuentra en el libro de Isaías:

"Los formadores de imágenes de talla, todos ellos son vanidad, y lo más precioso de ellos para nada es útil; y ellos mismos son testigos para su confusión, de que los ídolos no ven ni entienden. ¿Quién formó un dios, o quién fundió una imagen que para nada es de provecho? He aquí que todos los suyos serán avergonzados, porque los artífices mismos son hombres. Todos ellos se juntarán, se presentarán, se asombrarán, y serán avergonzados a una. El herrero toma la tenaza, trabaja en las ascuas, le da forma con los martillos, y trabaja en ello con la fuerza de su brazo; luego tiene hambre, y le faltan las fuerzas; no bebe agua, y se desmaya. El carpintero tiende la regla, lo señala con almagre, lo labra con los cepillos, le da figura con el compás, lo hace en forma de varón, a semejanza de hombre hermoso, para tenerlo en casa. Corta cedros, y toma ciprés y encina, que crecen entre los árboles del bosque; planta pino, que se críe con la lluvia. De él se sirve luego el hombre para quemar, y toma de ellos para calentarse; enciende también el horno, y cuece panes; hace además un dios, y lo adora; fabrica un ídolo, y se arrodilla delante de él. Parte del leño quema en el fuego; con parte de él come carne, prepara un asado, y se sacia; después se calienta, y dice: ¡Oh! me he calentado, he visto el fuego; y hace del sobrante un dios, un ídolo suyo; se postra delante de él, lo adora, y le ruega diciendo: Líbrame, porque mi Dios eres tú. No saben ni entienden; porque cerrados están sus ojos para no ver, y su corazón para no entender. No discurre para consigo, no tiene sentido ni entendimiento para decir: Parte de esto quemé en el fuego, y sobre sus brasas cocí pan, asé carne, y la comí. ¿Haré del resto de él una abominación? ¿Me postraré delante de un tronco de árbol? De ceniza se alimenta; su corazón engañado le desvía, para que no libre su alma, ni diga: ¿No es pura mentira lo que tengo en mi mano derecha?"

Isaías 44:9-20

Este texto se conoce como "La insensatez de la idolatría". Dios como siempre, nos enseña todas sus cosas desde el único modo que él sabe hacerlo: desde el amor.

Pero sigamos, porque de alguna manera debemos ir reorganizando lo que aprendimos y lo que sabemos hasta ahora, para que Usted no me pierda ni pie ni pisada.

En el inicio, le dije que Dios es un Dios de Orden, y que bajo esa premisa Dios estableció un orden de prioridades y jerarquías para lo que sería la Ley que regiría la relación de Dios con nosotros y la de nosotros para con él.

En tal sentido, estableció que él es el único Dios, por tanto nuestra vida está centrada en él y debemos darle por siempre "El Primer Lugar".

De igual modo nos instruyó para que no tuviéramos dioses ajenos delante de su presencia y nos ratificó su mandato con el 2do mandamiento, que nos insta a no construir imágenes, ni ídolos y mucho menos a reverenciarlos.

Tenga en claro, que las imágenes sean como sean, son el inicio al camino de la idolatría. Y crear imágenes es un acto de desobediencia a Dios.

Y en tercer término, nos pidió cuidar nuestra palabra para no utilizar o mencionar su nombre en vano.

Sé que los más religiosos se van a escudar diciendo que su religión le ha permitido la ilustración de los eventos bíblicos a través de visualizaciones representativas que nos hacen imaginar los hechos como originalmente sucedieron.

Que no podemos condenar a los actores que representan un episodio bíblico en una obra o película, porque solo están "recreando" algo que fue real y sucedió en el pasado.

Para empezar debo aclarar que Dios no es una religión, que nadie está por encima de Dios y que no fuimos creados para seguir doctrinas de hombres, ni de iglesias o sinagogas, y mucho menos de pastores, sacerdotes, rabinos o eruditos, sino solo las impuestas y diseñadas por Dios.

Por eso, es que esa "religiosa excusa" no les exonera de haber creado todo lo contrario a lo que Dios les mandó, por tanto constituye un acto de desobediencia continua contra Dios.

Y no lo digo yo, lo dice la palabra de Dios. Yo no le estoy mostrando lo que dice la palabra con el ánimo de crear controversia y mucho menos juzgar a nadie. ¡Dios me libre de abrir juicio contra alguien!

Solo me doy a la tarea de interpretar en este tiempo lo que Dios a través del Espíritu Santo pone en mi mente y en mi corazón, para revelarlo sin tapujos y plasmarlo con letras para ser leído.

Y le repito, si Dios quisiera que lo vieran como él es, le aseguro que nada ni nadie en este mundo, ni fuera de él se lo impedirían. ¡Nada!

Por ello le advertí desde un principio, que hablar y discernir sobre este tema, es "incómodo" para las creencias de muchos. Por lo que le pido se dé a sí mismo, la oportunidad de "desaprender" para poder "aprender" algo nuevo. Como dicen: es necesario vaciar el vaso para poder llenarlo de nuevo con algo más, aunque nos resulte diferente.

Porque el hombre podrá engañar el corazón del hombre, pero jamás podrá engañar el corazón de Dios.

Sé que aún no le he dedicado el espacio necesario, para explicarle que significa "Idolatría" pero solamente de pensar lo que está inmerso en los mandatos de la Ley de Dios y con todo lo que ya hemos aprendido, espero haberle dado una idea o quizás le ha permitido formarse un criterio de a lo que se refiere.

De igual forma me tomare el tiempo de explicárselo en el capítulo siguiente, con lujo de detalles. Allí le hablaré de lo que es una imagen y un ídolo, porque mi mayor anhelo, es dejarle claridad a su pensamiento.

Capítulo II - Derribando Credos

Sobre lo que son las imágenes e ídolos, no hay texto que las describa de una mejor forma, que el Salmo 115:4-8 de la Biblia:

"Los ídolos de ellos son plata y oro, Obra de manos de hombres. Tienen boca, mas no hablan; Tienen ojos, mas no ven; Orejas tienen, mas no oyen; Tienen narices, mas no huelen; Manos tienen, mas no palpan; Tienen pies, mas no andan; No hablan con su garganta. Semejantes a ellos son los que los hacen, Y cualquiera que confía en ellos".

Pero agrupemos en este espacio lo que el hombre define en cada uno de estos términos para entender y analizar lo que Dios nos quiere enfatizar al respecto.

Una imagen (del latín imago) es una representación visual, que manifiesta la apariencia visual de un objeto real o imaginario. [1]

Según la Real Academia Española - RAE, un Ídolo, es una "Imagen de una deidad objeto de culto"[2]. Un ídolo es una imagen de culto que es adorado por la deidad, demonio o espíritu que contiene o representa.[3]

Si analizamos estos conceptos por separado, entendemos que por sí solos, no representarían una amenaza para nuestra fe en Dios, y que tampoco se constituyen en algo que Dios nos pudiese reprochar.

Pero cuando a una imagen se le empiezan a asignar atributos excepcionales, cuando se le otorgan propiedades extraordinarias, facultades sobrenaturales y se le comienza a reverenciar como si fuese un dios, deja de ser una imagen para convertirse en un ídolo propio de un culto diferente a Dios.

---

https://artsandculture.google.com/entity/m0jg24?hl=es

[2] https://www.rae.es/drae2001/%C3%ADdolo

[3] https://artsandculture.google.com/entity/m09xv7p?hl=es

Para ilustrar un poco este evento voy a recrearle una situación que para el hombre es muy común. Ya nuestros antepasados fueron víctimas de sus propias creencias, porque como le dije anteriormente, es parte de la naturaleza con la que fuimos creados.

Imagínese que en un día de playa, Usted saca del mar una piedra muy hermosa. La piedra ha impactado su vista por su belleza, y todos los eventos afortunados o desafortunados que empiezan a pasar en su vida Usted los comienza a atribuir o relacionar con la tenencia de esta piedra.

En poco tiempo la piedra pasa de ser, una simple piedra hermosa, a tener facultades divinas. Y la tenencia de una divinidad como esta, lo lleva a colocarla en un lugar alto de su casa, un sitio especial, donde nadie pueda tocarla. Ya en ese momento, Usted ha convertido esa simple piedra en un ídolo y pronto empezara a venerarla, a pedirle y a entregarle su fe.

Es en ese instante, donde la presencia de ese ídolo creado por Usted, desencadena por sus propios atributos que se le reverencie, que se le adore con veneración. De este modo el siguiente paso es la generación del culto, que no es más que un "conjunto de ritos y ceremonias litúrgicas con que se tributa homenaje", es decir "que se tributa religiosamente a lo que se considera divino o sagrado"[4] según la definición planteada por la RAE.

Porque cuando el hombre atribuye divinidad a un Ídolo, lo convierte en algo sagrado y es allí cuando comienza el camino que es contrario a Dios: La Idolatría.

Y una cosa le va empujando a la otra, y cuando menos se da cuenta, ya está inmerso en las redes de la Idolatría. Y ese es el paso que te lleva a ofender a Dios en el centro de su corazón.

No le miento cuando le digo, que Dios sufre mucho cuando lo ve caer en la creencia de falsos dioses, de personajes ajenos a Dios. Porque nos lo advirtió y escribió con su propia mano: abstente de tener "dioses ajenos".

---

[4] https://www.rae.es/drae2001/culto

Y sé que en este instante Usted se está preguntando ¿Quién es el más beneficiado de que Usted llegue a la idolatría de imágenes, para vivir sumido en cultos de adoración a falsos dioses?

Y la respuesta es exactamente el que Usted pensó, el adversario de Dios: el demonio.

Si hay algo que el enemigo de Dios tiene claro es su objetivo: él vino a hurtar, matar y destruir; es por ello que se hace preciso entender, que dentro de cada uno de esos aspectos están planteadas las estrategias, dispuestas las herramientas y puesto en marcha los planes que se van a desarrollar para lograr estos fines.

¡Y mientras Usted está dudando, el enemigo está decidido a corromperlo y sumergirlo en su inmundicia!

Hasta este instante yo desconozco, hacia donde lo ha podido conducir su idolatría, pero a lo largo de mis años como seguidor de Cristo Jesús he logrado entender aquello que una vez me dijeron:

"todo lo que ames, todo lo que reverencies, incluso todo lo que pongas primero que Dios es idolatría"

Porque ciertamente cometemos el grave error de amar muchas cosas ajenas delante de Dios. Y cuando hablamos de Idolatría no solo me refiero a lo espiritual, es decir, a falsos dioses.

Esto va más allá de ese simple cuestionamiento, porque las personas no saben que se cometen faltas contra Dios cuando interponemos otras cosas a las que reverenciamos primero que a Dios.

Es necesario explicarle hasta donde llega la idolatría, para que logre dimensionar su alcance y la perversidad de su práctica.

Cuando colocamos primero a nuestra esposa o esposo antes que a Dios, a nuestros hijos antes que a Dios, a nuestro trabajo antes que a Dios, a nuestras posesiones antes que a Dios, a nuestro dinero antes que a Dios, estamos cometiendo un acto de idolatría y ofensa a Dios, porque estamos haciendo culto a personas y cosas dejando a Dios a él en un segundo plano, contraviniendo su mandato.

Aunque suene duro y le parezca impensable, sus hijos no están primero. Nada le quita a Dios estar antes de todo, primero que todo, incluso de la vida misma. Y aunque le cueste entender, sepa que su vida no es más importante que Dios.

Y es comprensible que esto suceda sin darnos cuenta, sin prestar mucha atención. Empezamos a adorar aquellas cosas que amamos, y sin darnos cuenta le quitamos a Dios el Primer lugar.

Por ello le hablaba en un principio, de la forma errada con la que a veces queremos honrar a nuestros padres. Y sé que esto para nada es fácil.

De alguna manera, siempre somos atados por los dichos de nuestra boca cuando queremos exaltar el amor que profesamos a nuestros seres queridos, o lo mucho que le agradecemos su apoyo, su esfuerzo, su presencia. Y sin saber utilizamos palabras "Incorrectas" e incluso, actuamos de manera "incorrecta".

Es muy difícil enfocarse solo en Dios. Permítame explicarle de otra forma: Cuantos de nosotros al levantarnos en la mañana, lo primero que hacemos es darle un beso a nuestra esposa o esposo, para ir luego a la habitación de los hijos y darles la bendición con un beso en la frente para que se levanten, y aún nos tomamos el tiempo para ir a la cocina a preparar el café.

¿Pudiste contar cuantas cosas hiciste con amor antes de alabar o agradecer a Dios? Y lo hacemos cada día sin temor de él. Sin pretenderlo, cambiamos el orden dejando a Dios para luego y esto lo convertimos sin percatarnos en un "ritual de costumbre".

¡Sí!, así sin darte cuenta, estas cometiendo un acto de reverencia a dioses creados por ti y ajenos a Dios. Y no es que veas a tu familia como "dioses", no me malinterprete, no se trata de eso. Me refiero a los "dioses" que emergen como prioridades o acciones, y que se anteponen antes de pensar en Dios.

Porque el problema radica, en que no hemos aprendido a pensar primero en Dios, no somos realmente dependientes de Dios, llevamos una vida apartada y diferente de Dios. Por tanto pensamos primero en lo que vemos, en lo que nos rodea y dejamos fluir nuestras emociones de primero, antes que nuestro pensamiento en Dios. Es allí donde accionamos más por costumbre que por entendimiento.

Y entonces, ¿Qué es lo correcto?, ¿cómo debo proceder? Pensé que no me iba a preguntar.

Lo primero que Usted debe hacer al abrir sus ojos es pensar en Dios. Darle gracias por despertar, darle gracias por levantarse con vida, por la oportunidad de un día más, porque pudo despertar con salud y porque a diferencia de muchos Usted logró abrir sus ojos por la misericordia del Padre, porque otros no lo volverán a hacer jamás.

Y es después de dar gracias a Dios que Usted puede iniciar su rutina matutina de besar a su amada o su amado y de mingonear luego a sus hijos como lo desee, y no olvide preparar con amor el café de la mañana.

Esa es la forma "correcta" de iniciar su día. Eso es darle a Dios el Primer Lugar. ¡Eso es lo que a Dios encanta!

Y Usted creerá que es excesivo y hasta dogmáticamente religioso, pero no lo es. Usted no imagina la diferencia que Usted propicia al iniciar el día dándole gracias y alabanzas al Dios que le sustenta, que le provee y que le ama. ¡Hágalo por prueba!

Debemos amar a Dios primero que todo, antes que a ti mismo, antes que a tu familia, antes que a tu descendencia, antes que tus posesiones.

Es como el principio del perdón, Usted no puede perdonar a los demás si Usted primero no se perdona a sí mismo. De igual manera, Usted no puede amar a otro si no ama primero a Dios.

Por ello aunque parezca excesivo, el único "ídolo" de su vida debe ser Dios, al único que Usted debe adorar es al Gran Yo Soy, Jehová, Nissin, Rapha, Jireh, Adonai, Emanuel. Y cuando Usted lo relega por otro, créame que lo está insultando, menospreciando, ofendiendo.

Yo no sé si Usted me está entendiendo, pero yo conozco personas que aman más su cuenta de banco que a Dios, que aman más a su carro que a Dios, que aman más a su perro que a Dios, que inclusive dejan de ir a sus iglesias para atender lo que consideran es el amor de su vida: su trabajo, y eso ofende a Dios.

Y esto se lo digo desde el punto de vista cristiano. Pero si Usted es católico y está leyendo las cosas que he dicho hasta ahora en este libro y que constituyen prácticamente un estudio bíblico, puedo imaginar que por su cabeza están pasando cantidad de interrogantes, dudas y pensamientos relacionados con su iglesia y se están levantando infinidad de cuestionamientos, sobre lo que Usted siempre había creído que son las imágenes de sus templos sagrados.

Le repito que yo no pretendo hacer tambalear su fe, sus credos o su religión. Tampoco procuro hacer de este tema un ataque a los católicos, pero si debo hacer un llamado responsable a los dirigentes y líderes de su Iglesia.

Jamás será mi intención confrontarlo a Usted por sus creencias, pero como cristiano que leo la Biblia y creo en la palabra viva de Dios escrita, debo decirle la verdad que está en ella y no la que han venido inventando o tergiversando los hombres a través de los años.

Por ello lamento tener que referirme a su religiosidad, a su iglesia y créame que le voy a hablar de frente al respecto, porque estoy obligado a decir la verdad del evangelio de Cristo Jesús y porque además, la palabra me obliga cuando dice:

"¡Ay de los que a lo malo dicen bueno, y a lo bueno malo; que hacen de la luz tinieblas, y de las tinieblas luz; que ponen lo amargo por dulce, y lo dulce por amargo!"

Isaías 5:20

Así que prepare su corazón para lo que le voy a revelar, porque es una verdad que será muy perturbadora, pero necesaria para Dios que Usted lo descubra.

Capítulo III - La Falsa Roca

Son realmente incontables la cantidad de símbolos, imágenes e ídolos que ha levantado la iglesia católica desde hace más de 1500 años, como "representación" de lo que debería ser la auténtica vida cristiana.

La iglesia católica gira en torno a una inmensa cantidad de "ritos, símbolos e imágenes" que son venerados bajo la mirada complaciente de sus autoridades, sin el menor temor a Dios.

Muchos de ellos Usted los conoce por que casi el 90% de los cristianos se inició en el catolicismo: que si el púlpito, el rosario, el confesionario, la mitra episcopal, la sotana, el báculo o bastón pastoral, la hostia, el cáliz o copa de oro de la comunión o la eucaristía, el incensario y hasta la pila de agua bendita, todos son reliquias y símbolos construidos por hombres para la veneración y el culto en torno a ellos y a su iglesia, que son por supuesto, contrarios a lo dispuesto por Dios.

Eso sin contar las imágenes de yeso, madera, piedra, oro, plata, cuadros, pinturas, vitrales, bustos y cruces de todo tipo de materiales, que existen en la iglesia católica bajo la excusa de ser una "Representación" de Dios; y a ello se agregan los falsos dioses "representados" por ángeles, arcángeles, santos, vírgenes y de todo aquel que hizo vida con Jesús hasta su crucifixión, resurrección y ascensión a los cielos.

Inclusive en este tiempo se le atribuyen dotes de divinidad, y se les imputan la gestación de "milagros comprobados y autenticados" de hombres y mujeres que vivieron bajo la doctrina y servicio de la iglesia, de los cuales se les presumen como "venerables" con títulos de "santos" y demás designaciones emanadas desde Roma, dando paso a la creación de reliquias, estampitas, figures e imágenes de sus rostros en vida.

La iglesia católica es además un museo de deslumbrante derroche de esfinges, esculturas e imágenes dotadas de perlas, esmeraldas, rubíes y diamantes usadas en incrustaciones de todo tipo de piedras preciosas, con estructuras talladas en mármol, cuarzo, marfil y jade, cuyas bases de oro y plata, le proporcionan valores monetarios incalculables.

Todas ellas adquiridas desde los más generosos y nobles donativos de personalidades, organizaciones y gobiernos, hasta el pillaje, robo, expropiación y hurto de sus piezas desde las cruzadas hasta nuestros días.

Lo que hace de la iglesia católica una de las instituciones más extravagantemente ricas y ostentosamente poderosas de todas las organizaciones religiosas del mundo, con un capital y un inventario repleto de reliquias, joyas y arte, que abarcan casi dos siglos de reinado al servicio de sus intereses.

Su angustiosa idolatría los ha hecho atreverse a fabricar una "réplica" del tabernáculo, con querubines alados en su tapa y manillas de oro, que no contienen ni contendrán jamás lo que Moisés y Aarón cuidaron y guardaron con celo Santo en el verdadero tabernáculo de su sacerdocio Levítico, es decir: las tablas de la ley, el maná y el cayado de Aarón.

Llegando incluso a sustituir su contenido por una "Hostia", que no es más que una oblea que supuestamente representa el cuerpo de cristo dentro de lo que ellos hacen llamar "eucaristía".

Pero más allá de lo que económica y políticamente representa el vaticano y la iglesia que promulgan, me enfocaré en lo que planifica la retorcida mente de sus líderes y lo que le han proporcionado a sus ingenuos seguidores durante años, a costillas de su fe.

Enfoquémonos en las catequizas y dogmas en los que sustentan sus argumentos por encima de la voluntad de Dios.

Según la definición que se nos promulga sobre la Iglesia Católica[5] plasmada en la enciclopedia libre "Wikipedia", la doctrina de la iglesia católica esta fundada por Cristo y encomendada por Jesús al Apóstol Pedro. Según esta doctrina la cabeza de la Iglesia católica es el obispo de Roma, llamado el Papa, y que es considerado el sucesor del apóstol Pedro, quien según la tradición católica fue el primer Papa. Esta es la historia que nos han contado, que nos han enseñado, adoctrinado y de la que nunca hemos refutado ni una coma porque damos por hecho que esta es: "La Verdad"

____

[5] Wikipedia, la enciclopedia libre https://es.wikipedia.org › wiki › Simón Pedro

Empecemos con la fundación: La Iglesia Católica nos alecciona y enseña sobre la premisa de que el apóstol Pedro, fue ciertamente enviado a fundar las bases de la iglesia de Cristo. Para ellos esta es la plataforma fundamental de la creación de la Iglesia.

Pero jamás les cuentan toda la historia a sus feligreses y la que le relatan, la hacen a su muy particular, conveniente e interesado parecer.

Me tomé la molestia de estudiar el origen bíblico de esta aseveración, para contextualizar los verdaderos eventos que llevaron a Jesús a decir que: *"Pedro, sería la Roca sobre la que edificaría su Iglesia"* y ante tan importante afirmación, voy a establecer mis argumentos fundamentado en lo que está escrito en la Biblia, específicamente en el Nuevo Testamento, hecho que encontramos en Mateo 16:13-19.

Nos relatan las sagradas escrituras, que Jesús se interesó en una discusión que tenían sus discípulos referentes a quien era el hijo de Dios, y les preguntó: ***"¿Quién dicen los hombres que es el Hijo del Hombre?"*** Ellos le dijeron: ***"Unos, Juan el Bautista; otros, Elías; y otros, Jeremías, o alguno de los profetas."***

Al escuchar la respuesta, Jesús quiso indagar más en el corazón de sus discípulos y pregunto: ***"Y vosotros, ¿quién decís que soy yo?"*** y todos los discípulos guardaron silencio, siendo Pedro el único que se atrevió a dar una respuesta a Jesús diciendo: ***"Tú eres el Cristo, el Hijo del Dios viviente."***

Y esta era la respuesta que Jesús estaba esperando de sus discípulos, una donde se le reconociera que ellos andaban caminando al lado del verdadero "hijo de Dios".

Por ello Jesús recompensa a Simón, (Eh aquí el momento en que Jesús le cambió el nombre a Pedro) diciéndole:

"Bienaventurado eres, Simón, hijo de Jonás, porque no te lo reveló carne ni sangre, sino mi Padre que está en los cielos. Y yo también te digo, que tú eres Pedro, y sobre esta roca edificaré mi iglesia; y las puertas del Hades no prevalecerán contra ella. Y a ti te daré las llaves del reino de los cielos; y todo lo que atares en la tierra será atado en los cielos; y todo lo que desatares en la tierra será desatado en los cielos."

Mateo 16:17-19

Esta es la verdadera palabra y los hechos donde Jesús designa a Pedro la "Roca" donde edificará Jesús su "Iglesia". Y déjeme enseñarle algo más, esta es la primera vez que se menciona la palabra "Iglesia" en toda la Biblia y fue nombrada así por boca de Jesús. Más sin embargo, Jesús no dijo en ese momento, que era la Iglesia ni como estaría conformada.

Y no fue sino hasta casi 30 años después de la muerte, resurrección y ascensión de Jesús a los cielos, que el apóstol Pablo quien se llamara Saulo, recibe la revelación de Dios sobre cómo sería conformada esa Iglesia de la que hablo Jesús a sus apóstoles, la cual se constituye con Jesús a la cabeza del "cuerpo de Cristo" y de más está decirles que la única "Roca" se llama Cristo Jesús, y es sobre ella que se edificará dicha Iglesia.

Esta revelación de Dios está escrita en la carta de Pablo a los Efesios, allí se redacta la estructura de cinco (5) ministerios que componen la Iglesia, que incluso debe tener claro que no se llamó ni mencionó como "iglesia" sino como el "Cuerpo de Cristo":

"Y él mismo constituyó a unos, apóstoles; a otros, profetas; a otros, evangelistas; a otros, pastores y maestros, a fin de perfeccionar a los santos para la obra del ministerio, para la edificación del cuerpo de Cristo"

Efesios 4:11-12

Este es el único testimonio escrito, fiel y verdadero que tenemos de como Dios por medio de Jesús quiso constituir para los hombres, un modo de reunión entorno a él.

Ahora bien, una vez leído lo que la palabra de Dios dice, debo entonces cuestionar lo que me han enseñado hasta aquí los sacerdotes sobre la verdadera iglesia, y me pregunto al igual que Usted ¿dónde dice en la palabra de Dios, que se debían construir templos con imágenes de piedra, oro y arcilla?

Sencillamente no encontrará donde está escrito porque esto no fue obra, pensamiento o mandato de Dios. Usted debe saber que el último templo que se construyó en torno a Dios fue encomendado a David y ejecutado por Salomón bajo las instrucciones del propio Jehová, y fue él mismo Jesús quien predice y anuncia la destrucción del templo de Salomón en Jerusalén porque se había corrompido y constituido en hogar de mercaderes.

"Cuando Jesús salió del templo y se iba, se acercaron sus discípulos para mostrarle los edificios del templo. Respondiendo él, les dijo: ¿Veis todo esto? De cierto os digo, que no quedará aquí piedra sobre piedra, que no sea derribada."

Mateo 24:1-2

Y Después que el templo fue destruido como lo había anunciado Jesús, no se ordenó nunca más la construcción de templo alguno por parte de Dios.

Todo lo demás fue "creado e inventado" por los hombres, específicamente los creadores de la Iglesia Romana. ¡Así como lo escucha!

Todo esto es obra de hombres que sedientos de poder, estatus y riquezas, se dieron a la tarea de construir y consolidar las bases de lo que ellos llaman la Iglesia católica, apostólica y romana llena de ritos, cultos e imágenes.

Entiéndalo, esto no fue un mandato ni de Dios Padre, ni de Dios hijo, ni del Espíritu Santo, porque jamás se mandó a construir templos de veneración o culto llamadas "Iglesias". Y mucho menos, lugares para albergar imágenes paganas que supuestamente representan a Dios.

Nada de eso está en la palabra de Dios, además de cómo le dije antes: ¡Dios no necesita que nadie le represente!

Lo único que nos pidió el Padre de los Cielos, es que santificáramos el día de descanso, que se corresponde con el 4to mandamiento que me faltaba mencionarle:

"Acuérdate del día de reposo para santificarlo."

Éxodo 20: 8

Porque para Dios es importante que nos congregáramos como hermanos para alimentarnos del pan que no perece, la enseñanza escrita en su palabra. Es así como nos exhorta en ella diciendo:

"no dejando de congregarnos, como algunos tienen por costumbre, sino exhortándonos;..."

Hebreos 10: 25

Para que tenga una idea, la iglesia primitiva era en una plaza o un lugar de reunión improvisado, donde las personas se congregaban para escuchar palabras de sabiduría determinadas en los libros sagrados que componen originalmente el Antiguo Testamento o *La Torah* (libro sagrado de los Judíos que contiene la Ley de Moisés) y que a través de los años incorporó lo que constituye el Nuevo Testamento, con las cartas de Pablo conocidas como "Epístolas" y los "Evangelios" que nos hablan de la vida, obra y milagros de Jesús, y por la cual nos hacemos llamar "Cristianos".

Y para que lo sepa, todos los versículos bíblicos y relatos que le he venido dando, están escritos de la misma forma tanto en la Biblia que utilizan los cristianos, como en la que usa la Iglesia Católica. ¡Los Mismos!

Es más, cada referencia bíblica que está escrita en este libro, es copia textual de la Biblia. De ella no se puede cambiar ni una coma, así que si cree ver un error ortográfico, le recomiendo que no intente corregirlo:

"Porque de cierto os digo que hasta que pasen el cielo y la tierra, ni una jota ni una tilde pasará de la ley, hasta que todo se haya cumplido."

Mateo 5:18

Porque muchos me dirán que la Biblia de la Iglesia Católica es diferente a la biblia de los "Cristianos", e incluso la usada por los "Evangélicos", "Pentecostales" o "Testigos de Jehová". Pues déjeme decirle que es la misma.

Le aclaro que lo único que se diferencia en estas Biblias, es que la iglesia católica desde el concilio de Roma o de Trento dado después de la 2da Guerra mundial, por decisión de los representantes de su iglesia incorporaron los libros de Tobías, Judit, 1° y 2° libro de los Macabeos, Sabiduría, Eclesiástico y Baruc, y por ello su texto posee 72 libros en total.

A diferencia de la Biblia tradicional Cristiana, estos libros no fueron incluidos manteniendo los 66 libros originales, de los cuales 39 libros forman parte del Antiguo Testamento y 27 que conforman el Nuevo Testamento.

Algo similar sucedió con los evangelios denominados gnósticos, entre los que se cuentan el evangelio de Tomás, de Judas o el de María Magdalena que no fueron sumados a los textos originales basados en preconcepciones tomados a conveniencia por la iglesia católica.

Porque son los líderes de la Iglesia Católica, Apostólica y Romana los que han decidido siempre que libros incorporar a la Biblia y cuáles no, según sus intereses y a su entera conveniencia.

Lo único que no han podido ni podrán cambiar jamás es el contenido de los textos bíblicos, porque a pesar que algunos de los manuscritos originales ya no existen por los materiales en que fueron escritos, aún sobreviven miles de copias de los escribas que permanecen en manos del pueblo Judío en sus lenguas originales hebreo, griego y arameo.

Quizás esta diferencia de lenguas es la que da paso a una segunda diferencia, que se da por la versión de traducción que fue aplicada, ya que la Biblia es el libro más traducido del mundo.

Además, la Biblia posee una peligrosa advertencia que ellos conocen, y que aplica para cualquiera que intente modificar el texto bíblico:

"Yo declaro solemnemente a todos los que oyen las palabras de la profecía escritas en este libro: si alguien agrega algo a lo que está escrito aquí, Dios le agregará a esa persona las plagas que se describen en este libro. 19 Y si alguien quita cualquiera de las palabras de este libro de profecía, Dios le quitará su parte del árbol de la vida y de la ciudad santa que se describen en este libro."

Apocalipsis 22:18-19

Pero el que contengan más libros o menos libros, o que sea de la edición de Reina Valera de 1960 o de la Nueva Traducción Viviente, ni le suma ni le resta al contenido porque todo está escrito exactamente igual y no varía el espíritu del texto. En definitiva, las diferencias son más de forma que de fondo.

Y es con esta certeza, es que nos atrevemos a preguntarle a la iglesia ¿Dónde se habla en la Biblia de la designación de Pedro como Papa en "representación" de Dios?, ¿dónde está el nombramiento de Pedro como "el primer Papa", "Vicario de Cristo" o una palabra que a ellos encanta "El Sumo Pontífice"?

La verdad es que ellos nunca le tendrán una respuesta porque no hay nada que la fundamente. Todas estas designaciones que intentan darle continuidad a la obra evangelizadora de Pedro, es parte de lo que han inventado para darle una especie de sentido a sus creaciones.

Por otro lado, estoy de igual forma obligado a recordarle, la palabra con la que Jesús despidió y ordenó a sus apóstoles, antes de ascender a los cielos:

"Y les dijo: Id por todo el mundo y predicad el evangelio a toda criatura"

Marcos 16:15

Esta palabra nos demuestra, que Pedro fue uno más de los que Jesús envió para ir por el mundo a predicar el evangelio, tal como lo hizo con el resto de los apóstoles.

Es decir, que no hay, ni existe en toda la Biblia, una orden expresa o preferencial donde se diga que Pedro había sido designado como "vicario de cristo" o "sumo pontífice" en "representación" de Dios ¡Jamás!

Mucho menos seria "El Primer Papa" porque sería entonces una contradicción, ya que "Papa" es un acrónimo del latín *Petri Apóstoli Potestatem Accipiens* que significa: "el que sucede al apóstol Pedro"[6] por tanto el sería el primero que se sustituyó a sí mismo. ¡Que absurdo!

Y no es que los sacerdotes, curas, obispos, cardenales y Papas de Roma acaban de enterarse como Usted de lo que yo le estoy revelando. ¡Nooooo!, ese no es el caso.

Porque si algo es preocupante y causa verdadera "Indignación", es la perversidad con que la Iglesia ha implantado sus doctrinas haciéndole fallar con conciencia, con premeditación y alevosía.

Yo lamento tener que hablar de su religión y denunciar la forma deliberada cómo le llevaron a idolatrar cosas ajenas a lo que dice Dios. Y créame cuando le digo que no debe considerar esto un ataque a la iglesia católica porque yo crecí en un hogar católico al igual que Usted, mucho antes de ser cristiano. Solo que aprendí a leer.

Y este adoctrinamiento empieza desde que eres bebé, desde la niñez. ¿Quién como católico no fue a clases los sábados de catequesis? ¿A cuántos no le bautizaron sin su consentimiento? cuando Usted no tenía ni conciencia de lo que hacían con Usted ¿A cuántos no le obligaron a hacer una tal "primera comunión" o le dieron su cachetada de confirmación?

Y debo incluirme, porque fue así como nos envolvieron en sus rituales, nos hicieron pecar contra Dios y de paso, volvieron "obligatoria" su idolatría.

Por eso no quiero que se sienta solo en esto, porque yo también fui parte del error, del pecado y cometí las mismas faltas.

---

[6] https://www.juntadeandalucia.es

Tampoco le estoy diciendo que Usted está condenado por ofender a Dios, por seguir ingenuamente las doctrinas que le han inculcado los hombres; y en consecuencia Usted ha perdido su salvación y que no será perdonado, que su pecado no admite redención y quien sabe cuántas amenazas más que algunos religiosos tienden a soltar cuando ven un árbol caído.

Recordemos lo que Dios dice de los religiosos:

"Si alguien se cree religioso pero no le pone freno a su lengua, se engaña a sí mismo, y su religión no sirve para nada. La religión pura y sin mancha delante de Dios nuestro Padre es ésta: atender a los huérfanos y a las viudas en sus aflicciones, y conservarse limpio de la corrupción del mundo."

Santiago 1:26-27

Yo estoy convencido de que Usted ama a Dios y que incluso tiene más fe en él, que la que yo pueda decir o demostrar tener. Que Usted hace más obras en el Señor que las hechas por mí y que incluso ha rescatado más almas para Dios de las que yo haya podido traer a los pies de Cristo. No estoy acá ni para juzgarle y mucho menos para condenarle. ¡Dios me libre de algo así!

Mi verdadera y única intención es hacerlo conocedor de la verdad por medio de la palabra, porque el Padre nos pidió ser justos, no jueces. Nos pidió buscar de su Reino y a seguir el camino de verdad que está en Cristo Jesús.

Entiendo que Usted acepta lo que su iglesia le enseña. No es su culpa y eso Dios lo sabe. ¿Acaso Usted de verdad cree que Dios no sabía lo que harían? Déjeme aclararle que Dios lo sabe todo y en Marcos 7 Dios expone sus faltas:

"... Hipócritas, bien profetizó de vosotros Isaías, como está escrito: Este pueblo de labios me honra, Mas su corazón está lejos de mí. Pues en vano me honran, Enseñando como doctrinas mandamientos de hombres."

Marcos 7:6-7

Y observo con preocupación cómo se acusa o señala constantemente al cristiano, por apegarnos más a la palabra que a la doctrina, a los ritos u oficios que los hombres profesan. Incluso se le cuestiona por no venerar a María la madre de Jesús (No de Dios) como si se le tratara con desprecio. ¡Y nada más lejos de la verdad!

Como cristiano debo confesarle, que yo amo y admiro la vida y abnegación de María madre de Jesús. ¡Qué gran mujer! Como hijo de Dios respeto profundamente su propósito porque fue escogida entre todas las vírgenes y bendita de entre todas las mujeres, y considero que fue una mujer que sufrió más de lo que ninguna madre ha podido sufrir por su hijo amado.

Pero yo le pregunto a los que atacan a los cristianos con este tipo de argumentos y quiero que me digan con un sustento bíblico real ¿dónde dice en la palabra que la virgen María es corredentora de los pecados juntamente con Cristo?

Se lo explico de otra manera: Uno solo es capaz de dar la salvación y ese fue Jesús, que vino a morir por nuestros pecados. Era necesaria la cruz, el derramar de su sangre, la corona de espinas, la flagelación de su cuerpo, el transitar la vía dolorosa hasta el calvario porque solo así seriamos perdonados y redimidos. Solo él podía liberarnos de nuestras aflicciones, enfermedades y maldiciones y así estar plenamente listos para recibir el mayor regalo que nos pudo dejar: El Espíritu Santo.

Entonces, si Usted se pasó la vida llevándole flores, prendiendo velas y rezando rosarios a la virgencita de Guadalupe, a la virgen de Fátima, a la Inmaculada del Rosario, a la virgen de Betania, a la virgen de Coromoto o cualquier otra virgen que le hayan enseñado, lamento decirle que Usted no será salvo. Y créame que me gustaría decirle lo contrario, porque la madre de Jesús fue una gran mujer de bondadoso corazón, pero ese no era su propósito, nunca lo fue.

Y la palabra es más que clara al respecto. Solo existe un mediador entre Dios y los hombres y se llama Jesús:

"Pues hay sólo un Dios y sólo un Mediador que puede reconciliar a la humanidad con Dios, y es el hombre Cristo Jesús."

1 Timoteo 2:5

Así que eso que Usted lleva años escuchando que dice que: todos los caminos conducen a Dios", es completamente falso. "Que todas las religiones buscan un mismo Dios", es FALSO.

Lo invito a leer la palabra e identificar los mensajes dados por nuestro Señor. En ella Jesús declara a los hombres lo siguiente:

"Yo soy el camino, y la verdad, y la vida; nadie viene al Padre, sino por mí"

Juan 14:6

Es Jesús el único y verdadero camino a Dios. Nadie llegará al Padre si no es a través de él. Hay que aceptar, creer y seguir a Jesús si queremos acceder al Padre Creador. No es ahora, ni será jamás a través de los ángeles, los santos, las vírgenes, los venerables y mucho menos los hombres.

No puedo negar la obra y sacrificio de Juan el Bautista, la importancia en los designios de Dios para con Moisés, Abraham, David o los del Apóstol Juan o Pablo.

Todos ellos fueron elegidos y escogidos por Dios para cumplir un rol ante la llegada de su hijo Jesús, recibieron lo necesario para que se cumpliera su palabra, el verdadero propósito de Dios; no para que le veneráramos, se le encendieran velas o para que colocáramos nuestra fe en ellos. ¡Esto es un error que nos inculcaron!

Yo definitivamente debo seguir derribando los argumentos, dogmas y credos que le han enseñado como "ciertos". Creencias que ante la ausencia probatoria y contradicción con la palabra misma de Dios, quedan simplemente expuestas como "Falsas". Sencillamente no tienen fundamento.

Además ¿Dónde dice en la palabra que debes portar un crucifijo y que debemos venerar santos?

Como primer punto, Usted debe saber que cuando en la Biblia se habla de "santos" no se está refiriendo a los que la Iglesia católica le ha mostrado. Permítame explicarle:

La palabra hebrea para santo es "Gadash", que significa ser santificado, consagrado y dedicado, o sea, estar separado del mundo y de las cosas mundanas[7]. Entonces, cuando se habla de un hombre santo en la palabra, se hace referencia a una persona que cumple la ley de Dios, que ora al señor y que además, es desprendida de lo que el mundo ofrece como era el caso de los levitas o sacerdotes.

Ahora bien, los llamados "sacerdotes" no tienen nada que ver con lo que Usted conoce hoy día como "sacerdote", ya que estos levitas pertenecían al linaje de Leví, hijo de Jacob, padre de las 12 naciones de Israel y que habían sido "designados" por Dios mismo para esta tarea. Y no lo digo yo, así está escrito:

---

7   https://www.churchofjesuschrist.org/manual/old-testament-seminary-student-study-guide/the-book-of-leviticus/leviticus-19-20-be-holy-for-i-am-holy?lang=spa#:~:text=La%20palabra%20hebrea%20para%20santo,y%20de%20las%20cosas%20mundanas.

"Los sacerdotes levitas, es decir, toda la tribu de Leví, no tendrán parte ni heredad en Israel;…. porque le ha escogido Jehová tu Dios de entre todas tus tribus, para que esté para administrar en el nombre de Jehová, él y sus hijos para siempre".

Deuteronomio 18:1-5

Y en el libro de Éxodo, Dios se toma el tiempo de detallar a Moisés lo que tenía que hacer para consagrar a los levitas Aarón y a sus hijos, como sus sacerdotes:

"Esto es lo que les harás para consagrarlos, para que sean mis sacerdotes"

Éxodo 29:1

Por tanto, su vida estaba apartada de los hombres, consagrada exclusivamente a Dios y se les reconocía como hombres santos o "Gadash". Sin embargo, no es de ellos a los que la Biblia hace referencia cuando habla de santos.

Porque Usted debe aprender hoy, que para Dios los santos son todos aquellos que creen en él y le siguen con devoción.

"sino, como aquel que os llamó es santo, sed también vosotros santos en toda vuestra manera de vivir; porque escrito está: Sed santos, porque yo soy santo".

1 Pedro 1:15-16

En tal sentido, es lamentable que la doctrina de "la santidad" haya sido mal entendida y tan mal enseñada, al tratar a los santos como "personajes" que hay que reverenciar, a los que hay que pedirle y a los que tenemos que admirar. Y si así fuese, entonces lo tendrían que hacer con todos nosotros los que creemos y seguimos a Jesús, es decir, con Usted e incluso conmigo que también somos santos.

Por otro lado, debo como siempre dar mis respetos a todos aquellos que de alguna manera sienten la necesidad de portar una insignia o reliquia para sentirse seguros en Dios. Yo en lo personal, no temo a mal alguno, porque la promesa y mandato de Dios es clara y él no es hombre para mentir:

"Mi mandato es: "¡Sé fuerte y valiente! No tengas miedo ni te desanimes, porque el SEÑOR tu Dios está contigo dondequiera que vayas"»

Josué 1:9

Me encanta esta palabra, porque es tan fuerte que incluso se hizo el énfasis (que no es mío) de colocar al SEÑOR en mayúscula, como para que quede claro, lo imponente de su presencia cada día.

Pero sigamos. Retomando el tema y al respecto de portar un crucifijo debo contarle, que la crucifixión era una de las prácticas para la ejecución de los reos condenados por la justicia romana, pero no era la única forma de hacerlo. De hecho, la cruz era la mayor de las muertes porque solo era aplicada a quienes cometían los más grandes y abominables crímenes.

Si Usted no lo sabía, a Jesús se le dio la más alta de las penas posibles según la justicia romana. Y sea ahora de su conocimiento, que los que fueron crucificados a su lado, no eran unos simples ladrones como nos hacen saber en la misa dominical a la que Usted asiste y que no le enseña absolutamente nada de Dios, de Jesús o del Espíritu Santo.

Déjeme aclararle que los que estaban al lado de Jesús en el momento de la crucifixión, eran unos verdaderos monstruos y asesinos despiadados, por ello habían recibido la pena máxima.

Un hecho notable, es que la Biblia nos habla que el propio Pilatos estaba contrariado y confundido por el tipo de muerte que solicitó Caifás (quien era denominado sumo sacerdote y fariseo) para Jesús. Porque la crucifixión era una verdadera aberración.

A lo que quiero llegar, es que si a Jesús que era inocente, sin pecado y sin mancha, asumiendo la excusa dada por los fariseos (que sabemos es falsa), pero supongamos que sí, y que a Jesús se le hubiese juzgado con verdadera justicia o bajo otro tipo de acusación, su ejecución hubiese sido diferente.

Por ejemplo: Roma aplicaba por delitos menores, ejecuciones tipo fusilamiento con flechas o lanzas. Es decir, colocaban a las personas en un paredón de madera y un pelotón de arqueros le fusilaba a flechazos o lo mataban con el lanzamiento de lanzas.

Entonces yo le pregunto ¿qué llevaría colgado Usted en la cadenita de su cuello si este hubiese sido el método de ejecución? ¿Una lanza, un arco o una flecha?

Cuando analizo estas cosas es que logro entender que la culpa no ha sido suya, que lo han manipulado tanto y lo han engañado tanto, que Usted es como un títere de todo lo que le han dicho y hecho creer desde siempre. Y entiendo su frustración porque apenas se está enterando de la forma en que lo han usado.

Usted fue burlado por la iglesia católica, apostólica y romana. Han sido ellos quienes le han enseñado a ofender a Dios, a transgredir su palabra y adorar a dioses falsos, distintos a Dios. Le han sugestionado pretendiendo que Usted sienta temor de todas las cosas del mundo antes que temerle a Dios, para que se vea en la necesidad de portar reliquias y tener estampitas de santos en sus carteras y bolsos.

Le han enseñado a rezar en vez de enseñarle a orar, a poner una cruz de palma o crucifijos en el umbral de su casa para cuidar el hogar, le han inculcado encender velas a los santos y arrodillarse frente a imágenes de yeso cada vez que van a sus templos.

Un verdadero cristiano, sabe que no debe doblar rodilla ante ninguna imagen, porque eso es gesto manifiesto de idolatría. ¿Y qué es lo primero que Usted hace al entrar a una iglesia católica? Se inclina de rodillas y se "persigna con la señal de la cruz"

Le invito a que lea en la Biblia, en el antiguo testamento, el libro de Daniel para que aprenda como desde la mayor adversidad, jamás se debe doblar rodillas ante falsos dioses. (Más adelante le comentaré un poco más de Daniel, un hombre escogido y amado por Dios)

Yo soy de los que gusta de escudriñar, buscar, investigar, indagar en la Biblia y le aseguro que no he conseguido ni una sola palabra referida a "persignarse". Tampoco existe ni una sola referencia que diga que se deben encender velas o velones más allá de lo necesario de encender una lámpara para alumbrarse.

Lo único que me queda por pensar es que los católicos, su iglesia, el vaticano en pleno y los llamados papas, son y han sido siempre bastante creativos en la gestación de su religión de hombres. Porque ¡Han inventado cada cosa!

Pero créame que ellos tendrán que rendir cuenta. ¡Oh sí! En el día del juicio final al Señor tu Dios tendrás que explicar uno por uno tus agravios, el incumplimiento progresivo que le diste a la palabra de Dios y la ofensa al 3er mandamiento de la ley:

"No tomarás el nombre de Jehová tu Dios en vano; porque no dará por inocente Jehová al que tomare su nombre en vano."

Éxodo 20: 7

Siempre pienso que lo más repudiable de lo que han cometido estos monaguillos, curas, sacerdotes, monjas, beatas, obispos, cardenales, vicarios y papas, es la forma consiente con la que han hecho pecar una y otra, y otra vez a su prójimo.

Por ello nada los indulta de sus culpas contra el pueblo de Dios, porque ellos han sido verdaderos victimarios y verdugos con sus falsos ritos y dogmas. Y lo han hecho siguiendo un plan preconcebido para obtener poder, posición, lujo y una vida de riquezas inmensurables.

Y cuando Usted está al servicio de lo que el mundo le ofrece, lamento decirle que está al servicio del mismo satanás. Y créame que esto también está escrito en la palabra y por eso me atrevo a mencionarlo.

Destapemos el velo del verdadero enemigo de Dios oculto en esta organización, como lo hizo el apóstol Pablo en su carta a los Corintios.

"Porque estos falsos apóstoles, son obreros fraudulentos, transfigurándose en apóstoles de Cristo. Y no es maravilla, porque el mismo Satanás se transfigura en ángel de luz. Así que, no es mucho si sus ministros se transfiguran como ministros de justicia; cuyo fin será conforme a sus obras."

2 Corintios 11:13-15

Si Usted ha oído sobre el anticristo y cree que eso es una película de cine, perdone que se lo diga pero Usted es por demás inocente.

Cuando Pablo dice: *"...Satanás se transfigura en ángel de luz. Así que, no es mucho si sus ministros se transfiguran como ministros de justicia"* nos está diciendo que "sus ministros" o anticristos se ocultan y "transfiguran como ministros de justicia" es decir, se hacen pasar por hijos de Dios. "son obreros fraudulentos, transfigurándose en apóstoles de Cristo"

Más sin embargo no quisiera entrar a profundidad en este tema porque es materia como para hacer dos libros más. De más está decir, que no tengo interés en enfocarme en aquello que no edifica y que dañará más su ya maltratado corazón.

Ya es suficiente con saber que ha pasado toda una vida engañado y sumido en la mentira, adorando dioses ajenos y siendo manipulado maliciosamente, haciéndole caer y tropezar ante los ojos de Dios sin el menor remordimiento.

Usted debe tener claro que estos demonios que dirigen la iglesia, han llevado al noble e inocente pueblo creyente en Cristo Jesús, a adorar y servir a falsos dioses.

Nunca se han dado a la tarea de mostrarles a sus feligreses, lo que verdaderamente dice la palabra. Ellos saben que si la gente se dedica a leer con sabiduría y revelación, lo que está escrito en la palabra de Dios, quedarían irremediablemente expuestos, ridiculizados y señalados como farsantes. Fíjese que la palabra es clara cuando afirma:

"Maldito todo el que desvíe a un ciego de su camino". Y todo el pueblo responderá: "¡Amén!"

Deuteronomio 27:18

Y Dios no perdona ni tolera, por ello dijo Jesús:

"Pero, si hacen que uno de estos pequeños que confía en mí caiga en pecado, sería mejor para Ustedes que se aten una gran piedra de molino alrededor del cuello y se ahoguen en las profundidades del mar"

Mateo 18:6

Un consejo que le voy a dar para evitar caer en las doctrinas de los hombres por encima de la doctrina diseñada por Dios para todos nosotros. Sé que esta recomendación la va a atesorar y la va a poner en práctica, y si puede, désela a quienes están buscando la verdad.

Aprenda a cuestionar todo cuanto le han enseñado como religión y más la de aquellos que quieren hablar a nombre de Dios. Busque siempre de todo lo que le han dicho, el referente bíblico que lo sustenta.

Le repito: Cuestione TODO lo que le han enseñado y confróntelo con la palabra de Dios. Incluso lo que yo le escribo o le he mencionado en este libro, busque si lo que le digo es cierto o no. Pero busque en el lugar adecuado, en el único lugar correcto: En la Biblia.

Jesús advirtió a sus seguidores sobre estas cosas:

"Jesús les dijo: —No dejen que nadie los engañe, porque muchos vendrán en mi nombre y afirmarán: "Yo soy el Mesías". Engañarán a muchos."

Mateo 24:4-5

Así cuando le digan enciende una velita a tal santo, persígnate, echa agua bendita, pon una cruz de palma, reza el rosario, celebra el miércoles de ceniza, reza a la divina pastora, has bromas el día de los inocentes, venera el día de reyes y todo cuanto le ha contado la religión católica, adventista, testigos de jehová, mormones, la que sea, solo pregúntese:

¿Qué dice la palabra de Dios al respecto?

Porque <u>si no está escrito en la Biblia no viene de parte de Dios</u>, por tanto, es un invento de hombres. Así sabrá si lo están engañando o no. Y no le pregunte a hombres lo que solo Dios le puede enseñar. Escuche la advertencia, mire que Jesús sabía lo importante que era este tema, que se tomó el tiempo de explicárselo y exhortar a sus discípulos:

"Entonces, si alguien les dice: "Miren, aquí está el Mesías" o "Allí está", no lo crean. Pues se levantarán falsos mesías y falsos profetas y realizarán grandes señales y milagros para engañar, de ser posible, aun a los elegidos de Dios. Miren, que les he advertido esto de antemano."

Mateo 24:23-25

Si aún tiene dudas de lo que le he dicho, le concedo razón para hacerlo. Por eso le pido que no me crea a mí, y sea Usted quien se sumerja a leer y conocer lo que dice la palabra de Dios. Escudriñe la Biblia sin temor, hágale preguntas a Dios y él le dará las respuestas para que tenga criterio y dominio propio de sus creencias, con argumentos válidos que sustenten su propia fe.

Por último, déjeme decirle que la creación de símbolos, imágenes, reliquias, representaciones e ídolos no son exclusiva de la iglesia católica. Me he referido primeramente a ella, porque es la organización que concentra la mayor cantidad de seguidores en el mundo.

Más sin embargo, la hechicería, el espiritismo, los adivinos, magos, brujos, agoreros, santeros, todas las prácticas de ocultismo, paganas y todos los cultos diabólicos son practicantes de la idolatría por medio de sus imágenes e ídolos. Y al respecto desnudaremos esas prácticas en el próximo capítulo.

¡Prepárese!

Capítulo IV - La Ofensa

Como bien sabe, la Idolatría es "la práctica religiosa en la que se rinde culto a un ídolo"[8]. Es lo que hemos venido entendiendo y de lo que hemos venido hablando hasta el momento.

Pero más allá de los conceptos y definiciones, lo más grave en todo esto es "la ofensa" ¡Y yo sé lo que es ofender a Dios!

Lo que Usted obviamente no sabe, es que no siempre fui un hombre en los caminos del Señor.

Recuerda cuando le dije que le hablaría desde mi experiencia, desde mis errores y desde mis vivencias. Es porque yo estuve sumergido en las tinieblas de la brujería, la hechicería, el espiritismo, la santería, el oscurantismo y la veneración de imágenes por muchos años.

Y antes de seguir, debo darle de antemano, toda la Gloria a Dios por lo que hizo por mi vida. Sí no fuese por él, yo no pudiera hoy estar mostrándole una salida al final del túnel.

Hoy puedo hablar con toda autoridad del tema gracias a que el Padre me entregó, las armas con las que pude batallar y salir victorioso ante el enemigo. Solo Dios sabe lo difícil y peligroso que es hacerlo.

De no ser por el Señor que me dio fuerzas para sostenerme, no estaría hoy diciendo que soy un "bendecido del Señor" por haber salido de esa inmundicia. Porque créame que no todos logran salir, y menos aún conservar la vida.

Permítame en este capítulo, relatarle un poco de mi testimonio. Como le dije, no pretendo hacer de esto una autobiografía pero que mejor, que poder advertirle desde mi propia experiencia. Lo que pienso relatarle, no me lo narró nadie.

---

[8] https://brainly.lat/tarea/29920064

Como practicante del catolicismo, era llevado a las misas de cada domingo y conocí todos los sacramentos católicos, que según ellos son el camino a la salvación, como son: el bautismo, la confirmación, primera comunión, matrimonio, etc.

Debo aclarar, que para mí un sacerdote era una persona que representaba a Dios en la tierra. Y esa afirmación fue real en mi vida hasta que llego el día de cuestionar esa aseveración y derribar por completo esa fe.

Otro detalle que debo resaltar, y que quizás Usted no sepa, es que el mundo espiritual es tan real como el que pisa. Por ello le pido que abra su mente ya que todo lo que Usted conoce como fenómenos paranormales, actividad espectral, hechos sobrenaturales son tan reales como los prodigios de un milagro, la resurrección o las señales proféticas.

Y todo lo que hacemos en este mundo, impacta directamente en el mundo espiritual y viceversa. Ambos mundos están más interconectados de lo que Usted piensa; y más por el hecho de que no somos solo personas de carne y hueso. Somos tripartitos, es decir que fuimos creados con cuerpo, alma y espíritu lo que nos conecta mucho más con el mundo espiritual.

Pero esto es solo a manera de introducción y no una clase filosófica. Así que una vez aclarado el punto, espero podamos seguir adelante con una perspectiva más abierta del tema.

Como le decía, a los catorce años de edad, siendo aún un imberbe experimenté un hecho que hizo cambiar todas mis creencias religiosas. La abuela de 81 años de mi amigo de infancia José, estaba poseída por una especie de "espíritu maligno".

¡Waooo! Y se preguntará Usted ¿Quién afirma eso?

¡Bueno! Si Usted vio la película "El Exorcista"[9] de 1973 con Linda Blair y se aterró, imagínese tener 14 años de edad y ver de forma manifiesta y real, actividades paranormales y demoniacas en alguien que Usted conoce, tal como las vistas en esa película. ¡Es sencillamente espeluznante!

---

[9] https://es.wikipedia.org/wiki/El_exorcista_(pel%C3%ADcula)

No pretendo ni asustarle, ni infundirle ningún temor con este relato, pero para que pueda tener una idea de las cosas que se manifestaban en esta abuelita, le comento que tenía una fuerza descomunal capaz de levantar a un hombre de 80kg con una sola mano y arrojarlo a la distancia, hablaba lenguas extrañas con una voz de hombre (literal) y se reía burlonamente mientras se babeaba.

Recuerdo que lo que más me impacto fue verla bajarse en una ocasión de su silla de ruedas y arrastrarse en el suelo como serpiente. Yo sabía que para bajarse de su silla, ella necesitaba ayuda porque ya varias veces yo mismo la había ayudado a cargar. ¡Eso no era para nada normal!

En cada ocasión en que estas cosas extrañas le pasaban, y cada vez que se manifestaba en ella este espíritu maligno, la habitación se oscurecía hasta la penumbra y se desprendían olores pestilentes y nauseabundos alrededor. Son cosas que no se olvidan fácilmente y que como repito, me marcaron profundamente ya que jamás experimente nada similar.

Había que hacer algo, ¿A quién buscar? Esa era la mayor interrogante.

Y la respuesta surgió de inmediato. ¡Pues a quien más, hay que buscar a un sacerdote! Él sabrá que hacer, ellos son hombres de Dios que están preparados para lidiar con aquello donde nosotros no tenemos la menor idea.

Y fue así como acompañé a mi amigo José y a su mamá a la iglesia donde ellos asistían como devotos feligreses y donde además, ya conocían al sacerdote.

Ella le explicó al sacerdote la situación de su anciana madre y logró convencerlo para que le hiciera una visita en casa. Era necesario que viera con sus ojos lo que pasaba para proponer el plan de ayuda que se requería.

Todas las esperanzas para que se hiciera algo al respecto se colocaron en esta visita.

Ciertamente el sacerdote fue a la casa de la abuela, y vio despavorido lo que se manifestaba en ella, haciendo notorio el hecho que no era de este mundo, por lo que propuso que regresaría con más ayuda.

Aún al día de hoy lo seguimos esperando ¡No ha regresado!

Y luego de ello, sucedió lo irremediable. A los pocos días, la abuela murió.

Y todos pensaron que aquella presencia maligna que azotó a la abuela robándole toda paz de sus últimos días, se había marchado. ¡Al fin todo había acabado!

No sabíamos que la pesadilla apenas estaba por comenzar.

No paso mucho tiempo para descubrir, que lo que había atormentado a la abuela hasta su muerte, ahora estaba en el cuerpo de mi amigo José.

Y Usted se preguntará, ¿Y que pintaba yo en todo esto? cualquiera diría, ¡huye, corre!

Le confieso que al principio traté de hacerlo, pero ¿Cómo iba a dejar a mi amigo José sólo en esta dificultad? Habíamos estudiado y compartido juntos desde el preescolar e incluso nuestras familias se conocían entre sí. Obviamente que eso no es lo que hace un amigo, así que estuve con él, acompañándolo con la angustia de no saber qué hacer.

Si hoy en día hago un paréntesis de reflexión del por qué se sucedieron estas cosas, es justo entender que como a Job mi fe estaba siendo probada. Se pensaría que era muy joven para entender el proceso, pero los caminos de Dios son misteriosos y su misericordia es infinita. Dios me probó y le doy gracias al padre de cada experiencia vivida, porque de no haberla pasado no estaría hoy postrado a sus pies entendiendo mi propósito.

Pero sigamos, porque ahora es que la cosa se pondrá difícil.

Esta presencia o espíritu empezó a manifestarse cada vez más, en todo sitio, a cualquier hora, frente a cualquier persona y ahora, en un cuerpo joven tenía mucha más fuerza. Lo asfixiaba, lo maltrataba, hería su cuerpo con cualquier cosa punzante y hablaba en lenguas extrañas.

Recuerdo una vez que lo hizo caminar dormido por la cornisa, en el techo de su casa y cuando estaba en el lugar más alto, lo despertó. ¡Eso fue horrible! Lo afligía constantemente, de día y de noche era un tormento y cada vez que este espíritu se manifestaba, empezábamos a rezar.

Era lo único que conocíamos, rezar padre nuestro y ave marías. Y parecía no surtir efecto a corto plazo, y mucho menos de forma permanente. Debíamos buscar otro tipo de ayuda porque rezar no era una opción.

Ahora bien, la pregunta es ¿A quién recurrir? si cuando acudimos a un hombre de Dios, no aportó ninguna solución.

Y en mi casa se decía: "en río revuelto, ganancia de pescadores" Y así fue.

Yo no recuerdo de quien fue la idea, pero alguien de la familia de José sugirió: "Lleven a ese muchacho con un brujo, que esos si saben cómo sacar esas cosas de su cuerpo".

Si alguien me hubiese dado este versículo de la palabra a tiempo, me hubiese ahorrado el dolor de la ofensa. No trato de excusarme de mis errores, trato de que Usted no caiga en los mismos y por ello le advierto usando las palabras de Dios:

"Tal vez alguien les diga: «Preguntemos a los médiums y a los que consultan los espíritus de los muertos; con sus susurros y balbuceos nos dirán qué debemos hacer». Pero ¿acaso no deberá el pueblo pedirle a Dios que lo guíe? ¿Deberían los vivos buscar orientación de los muertos? ¡Busquen las instrucciones y las enseñanzas de Dios! Quienes contradicen su palabra están en completa oscuridad"

Isaías 8:19-20.

Y ciertamente se abrió a nuestro paso el camino de la oscuridad. Ante la propuesta, empezaron a surgir sugerencias de a que brujo se tenía que acudir. Y fue cuando recordamos que con nosotros estudiaba un tal Martin que usaba unos coloridos collares que el presumía eran de santería, y lo más probable es que supiera del tema. Había que consultarlo, y así lo hicimos. Quizás él podría aportar la solución para José.

Bueno, eso fue como mi mamá decía: "El muchacho que es llorón y la madre que lo pellizca" porque casi que inmediatamente, Martin se interesó en lo que sucedía, se puso a la orden y extendió su sabiduría sobre el tema, explicando lo que se tenía que hacer.

Rápidamente se convirtió en un tutor y guía de todo lo relacionado al espiritismo y posteriormente de todo lo relacionado a la santería. Para él era normal lo que nosotros veíamos como paranormal, y es que toda su familia vivía en la brujería.

Y de esta forma fuimos guiados por esta persona a la primera reunión de consulta llamada "sesión", sin saber siquiera que era aquello. Según la opinión experta, era necesario que los espíritus examinaran el cuerpo de José. ¡Esa fue la recomendación del especialista!

Demás está decirle mi profundo desconocimiento de la palabra de Dios, porque de haberla conocido no me hubiese adentrado en este mundo de oscurantismo. Por algo la palabra nos habla:

"Mi pueblo languidece por falta de conocimiento,..."

Oseas 4:6

Y esta ausencia de conocimientos bíblicos, se la dedico a todos los sacerdotes y monjas católicas que desde mi niñez, solo me enseñaron el misal de los domingos, a abrazarnos para darnos la paz y dejar unas cuantas monedas en la cesta de las limosnas. Usted al igual que yo sabe, que el catolicismo no le enseña a leer la palabra de Dios y mucho menos a interpretarla.

Y gracias a esa falta de compromiso con la verdadera instrucción del evangelio, es que personas como yo o como Usted, nos alejamos de las legítimas creencias sobre Dios, dando paso a que el oscurantismo gane terreno y siga sumando ingenuos adeptos para sus oscuros propósitos.

¡Pero basta! hoy quiero tomarme el tiempo de enseñarle un poco de las necesarias advertencias de Dios al respecto:

"También me pondré en contra de todos los que se entregan a la prostitución espiritual al confiar en médiums o en los que consultan a los espíritus de los muertos. Los eliminaré de la comunidad."

Levítico 20:6

Yo espero que con este testimonio, a Usted jamás se le ocurra ni por equivocación asistir a una "sesión espiritista". Pero como el ser humano es curioso aunque no lo manden, le daré algunos detalles de cómo son estas prácticas a los que nunca han estado en una "sesión" como esta, a fin de ilustrarle un poco el asunto y evitarle así, caer en esa terrible tentación.

Por lo general se hacen en lugares cerrados y poco transitados. Recuerdo que donde yo asistí con mi amigo José, era una habitación en una azotea que tenía como puerta de entrada, una cortina roja. Al entrar había un enorme portal con figuras de yeso de las llamadas cortes africanas, indias, vikingas, libertadoras, juanes y hasta había una llamada la corte de los malandros.

El piso tenia señales con flechas en todas direcciones y símbolos hechos con talco, círculos con estrellas de cinco puntas adentro donde se colocaban velas encendidas de distintos colores. Algunos tenían pequeñas aves muertas (descabezadas) y su sangre chorreaba por el suelo.

Toda la habitación era calurosa por la cantidad de velas y velones encendidos que rodeaban el lugar. Todo te envuelve en una atmósfera de escepticismo, que impresiona a quien nunca ha experimentado estos ritos llenos de tambores y bebedizos.

Los ayudantes del "médium" que hará bajar los espíritus, se encuentran todos semidesnudos, descalzos y llenos de cordones de colores, con cruces pintadas y crucifijos, collares, cintas en sus cabezas y reliquias de todo tipo.

Se inició la consulta y todo el ambiente se impregnó del humo del tabaco, rociaban ron y aguardiente que embuchaban con sus bocas, y no faltaron los ramazos de ruda y escupitajos de corneciervo.

Ahora que lo pienso, ha de ser por esto que la gente reconoce cuando otros han estado en estos sitios de "consulta espiritista" y le dicen: "hueles a brujo" y no es para menos. Pero sigamos.

Para mi sorpresa y la de mi amigo José, resultó que Martín era el que prestaba su cuerpo como "médium" para recibir a los diferentes espíritus de muertos a los que consultaríamos.

Apenas llegó el primer espíritu en el cuerpo de Martín, y mi amigo José cayó al suelo, donde se manifestó completamente el demonio que moraba en su cuerpo, babeando y despotricando en lenguas extrañas. Y fue así como empezó una lucha que tardaría unos dos años hasta que finalmente se logró expulsar definitivamente esta presencia maligna del cuerpo de mi amigo José, pero el daño estaba hecho.

Que fácil fue iniciar a dos tontos en los caminos del espiritismo, la santería y la brujería. Ninguno de los dos nos dimos cuenta que ya nuestras vidas no serían iguales a partir de ese momento. Ese día nos iniciamos en el camino de la idolatría, la hechicería y el oscurantismo. Ese día empecé a ofender a Dios en el medio de su corazón.

Tres premisas empujan al hombre a la idolatría y a creer que la hechicería te proporcionará seguridad, bienestar, progreso, riquezas y poder. Yo pase por cada una de ellas.

Pues déjeme ahora, explicarle cuáles son esas artimañas, tretas y artificios de las que se vale la hechicería, el espiritismo, los adivinos, magos, brujos, agoreros, santeros y todas las prácticas de ocultismo, diabólicas y paganas, para ganar adeptos, seguidores o partidarios e iniciarlos en la idolatría.

Voy a convertirme en esa voz que yo no tuve, para que me advirtiera de lo que hacía. Quiero desnudar lo que hay detrás de la idolatría y derribar los muros de engaños que la sustentan.

Escuche bien, Usted no tiene la menor idea de lo que hace cuando se pasea aun por ignorancia por el lado oscuro y mucho menos conoce las consecuencias que le traerá a su vida esta decisión.

Porque déjeme aclararle que "ellos" se regodean y fascinan de su idolatra, están orgullosos de ser brujos y disfrutan de sus maleficios. Y puedo decirle con seguridad que esta gente que hace esto y lo conduce a esto, es verdaderamente diabólica, mala y sin escrúpulos.

Usted a ellos no les interesa en lo más mínimo, por eso se aprovechan de su falta de fe, de su incredulidad, de su ignorancia porque ellos viven de esto, ganan dinero de esto y no les importa en lo absoluto lo que le pase a Usted, lo que pase con su alma, si su espíritu se pierde en las tinieblas o si su vida, y la de su familia, su herencia y su legado queda en ruinas, destruida por maldiciones de la oscuridad por toda la eternidad.

Por eso Usted debe aprender que el enemigo, no pierde oportunidad para atacar su vida, que su objetivo es atormentar al incauto y doblegar a los débiles de espíritu para hacerlos dóciles a sus pretensiones.

Si hay algo que el enemigo de Dios tiene claro, es su objetivo: él vino a *"hurtar, matar y destruir"* Juan 10:10; y esto debe ser comprendido de manera literal, debemos entender que dentro de cada uno de esos aspectos están las estrategias, herramientas y planes que él adversario desarrolla para lograr sus fines.

¡Mientras Usted está dudando, el enemigo está decidido a acabarlo!

Por ello envían a sus espíritus de muertos, entidades y demonios para que hagan ese trabajo. El de robarle la paz, el sueño, los anhelos, las ganas de vivir y hasta la cordura.

Y todos estos brujos y espiritistas, conocen estos fundamentos. Saben cómo funcionan porque han estudiado las debilidades del hombre. El miedo, la incertidumbre y la codicia, son tres debilidades que hacen vulnerable al neófito y de las que se aprovecha el enemigo para controlarlo ofreciéndoles protección, revelación y poder.

Permítame explicarle cada una de ellas:

1.- Protección: El hombre necesita buscar de algo superior que le proteja y a su vez, exige ser protegido de lo que sea mayor que él.

Es increíble la capacidad que tiene el hombre para creer con mayor facilidad en aquellas cosas que son "malas", por encima de las cosas "buenas".

Piensan primero en la calamidad, la tragedia, la catástrofe, el desastre, la desgracia, el infortunio, la desdicha, la fatalidad, lo siniestro, la adversidad, los accidentes antes que en la dicha, el bienestar, el gozo, la bendición, la prosperidad, la ventura, la fortuna, la alegría, la bonanza, la satisfacción, la felicidad y la salvación.

Tenemos la tendencia de inclinarnos a pensar, que todo lo que nos sucede es primeramente para mal, antes de pensar que el proceso y las adversidades son el camino que le conducen a nuevos niveles de entendimiento y de bien para su vida.

Es más fácil ver la calamidad que el beneficio. Sí su taza de café se derrama en su camisa antes de ir al trabajo, Usted es más propenso a pensar en las consecuencias negativas que este hecho le conlleva, es decir, perderé el bus, llegaré tarde y quien sabe cuántas cosas más que imaginará inmediatamente. Pero jamás se detiene a pensar que gracias a esa pequeña desventura, Usted no perdió la vida en ese bus o le asaltaron antes de llegar a su oficina. ¿Me entiende?

Y es allí donde el enemigo se da banquete. Para mí, este fue mi primer error.

Fíjese en lo siguiente ¿Cuál es el discurso inicial que le da un brujo, cuando Usted va a las llamadas "consultas" o "sesiones"?

La respuesta es casi que automática, unánime y cuenta además con un modelo estándar para todo el mundo:

"Usted ha recibido un daño, alguien le tiene un trabajo montado, que Usted porta un demonio o un muerto encima porque alguien le quiere ver muerto".

Todos le van a dar este mismo discurso de bienvenida, y todos estos agoreros le darán este mismo resultado después de examinarlo en su "consulta".

Es tan cierto esto que hasta las películas de miedo que produce el cine o la televisión, están basadas en el mismo principio que busca infundirle miedo o terror. Ya sea miedo a la muerte, la mutilación, el rechazo, el abandono, a lo desconocido o miedo al fracaso.

Incluso el primer instinto de los personajes de estas producciones cinematográficas, es la búsqueda de refugio ante lo que le acecha. Es la reacción natural ante el temor, es así como reaccionamos ante el miedo.

Yo logro entender hoy día, que lo que me hizo caer en las redes de la hechicería y el espiritismo, fue precisamente la búsqueda de protección y el temor a todo lo que no conocía. En vez de buscar refugio en Dios, tropecé buscando refugio en hombres de oscuridad, dispuestos a mentir para adoptar un nuevo seguidor.

Con el pasar de los años, logre entender que lo más dantesco de la situación, es que son ellos mismos los que patrocinan y provocan estos miedos. Ellos crean la atmosfera ideal para que Usted sienta verdadero temor.

Este escenario, les permite ofrecerte refugio y protección. Porque tenga la seguridad que ellos le van a entregar en su primera "consulta" una reliquia para protegerlo; a partir de ese momento ellos te harán ver que son tus "protectores". Es como decir que el laboratorio que tiene la vacuna, es quien propaga inicialmente la enfermedad.

Jamás le van a decir que Usted está bien y que le rodea un aura de bendiciones. Para ellos Usted siempre tendrá "algo que lo acecha", un espíritu que lo persigue, un pasado que lo tiene sumido en maldición, un maleficio que lo ata.

Porque ese "diagnostico" tiene un solo propósito, persigue un solo fin: asustarle, amedrentarle y atemorizarle para que Usted se vea obligado, a pedir su "Supuesta Protección".

Así como le cuento, créame que lo primero que ellos le van a ofrecer es "Protegerlo del mal". Ellos son "tan buenos" que lo primero que le van a dar es su poderosa ayuda para resguardarlo de "todo el mal que le persigue"

Como diría mi abuelita: ¿zamuro cuidando carne?

Ellos se valen de esta treta para hacerlo dependiente de su "consabido amparo". Y la verdadera protección que Usted necesita es estar lo más alejado posible de ellos, y lo más cerca de Dios.

La promesa de Dios es fiel y se la quiero enseñar para que nunca se deje engañar buscando protección entre los hombres, lo que Dios le entrega sin que Usted tenga que reclamar, aquí le hago saber la declaración y canto de David para su vida:

"Salmo de David. Jehová es mi pastor; nada me faltará. En lugares de delicados pastos me hará descansar; Junto a aguas de reposo me pastoreará. Confortará mi alma; Me guiará por sendas de justicia por amor de su nombre. Aunque ande en valle de sombra de muerte, No temeré mal alguno, porque tú estarás conmigo; Tú vara y tu cayado me infundirán aliento. Aderezas mesa delante de mí en presencia de mis angustiadores; Unges mi cabeza con aceite; mi copa está rebosando. Ciertamente el bien y la misericordia me seguirán todos los días de mi vida, Y en la casa de Jehová moraré por largos días."

Salmos 23:1-6

Ahora yo le pegunto ¿Usted cree que Dios no le protege? Conozca esta promesa de Dios:

"Esforzaos y cobrad ánimo; no temáis, ni tengáis miedo de ellos, porque Jehová tu Dios es el que va contigo; no te dejará, ni te desamparará."

Deuteronomio 31:6

¿Quiere más protección que esta?

2.- Incertidumbre ante lo desconocido: El hombre necesita saber lo que le depara el futuro. Lo consume una gran inseguridad ante lo que está por venir.

El hombre desde siempre, ha buscado conocer todo aquello que hay en su destino y ha buscado incesantemente todos los medios posibles para adelantarse a lo que está por vivir.

Si lo analizamos calculadoramente, tiene sentido. Cuando tú conoces lo que está por venir, eres previsivo, lo que te permite prepararte con antelación para afrontar los retos y ser cauteloso ante algunas situaciones. De alguna manera, representa una forma de poder controlar los eventos futuros.

Cuando vives en un estado de expectación del porvenir, se generan angustias, miedos e inseguridades. La ansiedad que produce el no conocer ese futuro, es lo que te lleva a explorar lo inexplorado, a tomar atajos, a indagar más allá de lo necesario. Y es allí cuando acude al horóscopo, el tarot, la numerología y todo lo que el mundo le ofrece, con el solo propósito de saber aunque sea un poco, lo que su falta de fe no le ha permitido entender ni ver en el porvenir.

Le pido me permita explicarle lo siguiente: Una "revelación" va más allá de la adivinación o la predicción ya que persigue el conocimiento que permitirá diferenciar una verdad de una mentira; es una muestra de lo que va a suceder, de aquello que está oculto, donde se da a conocer a los involucrados, el cómo, el cuándo y el dónde.

Tanto la "Revelación" como la "Sabiduría" son dones con los que Dios se comunica con los hombres y que escúcheme bien: solo Dios puede entregar. De hecho la Biblia está escrita casi que en su totalidad, por medio de la revelación que Dios le dio a los hombres escogidos.

Lo que quiero que le quede claro, es que la revelación es un don de Dios y no se asemeja en nada con la adivinación o la predicción. Incluso en la Biblia, la adivinación es un "espíritu" que se hace de algunos hombres para ser utilizados como agoreros o brujos, para predecir el futuro. (Léalo en 1 Samuel 28:7)

Al ser la adivinación un espíritu, es lógico entender que es una presencia maligna ya que los espíritus de los hombres de Dios están bajo su resguardo, a tal punto que en Deuteronomio 18:9-14, Dios prohíbe las prácticas ocultas como la adivinación y la consulta a los espíritus de los muertos.

Porque el único que puede ver el futuro es Dios. Él es el alfa y el omega, el principio y el fin, por tanto, Dios es el único que sabe todo lo que está escrito para cada hombre hasta el fin de los días y solo Él puede revelarlo.

Usted debe entender que ni los hechiceros, ni los brujos, ni los agoreros y mucho menos los espíritus de los muertos tienen la capacidad de revelar nada, porque nada pueden ver; ni siquiera pueden predecir que se van a mojar al salir de casa, a si vean por la ventana que está lloviendo.

Entonces solo les queda "especular" por medio de la supuesta videncia o clarividencia que no es más que adivinación basada en la especulación.

Si hay algo que no podemos negar, es la capacidad que tienen estos demonios de leer e interpretar las necesidades o pretensiones de las personas que acuden a ellos; solo con escuchar lo que las personas les cuenten en dos o tres detalles, o que le respondan en algunas pocas preguntas, ya con eso es suficiente para tejerle una historia del futuro.

Y es que el hombre en líneas generales es muy básico. Si Usted le pregunta: cuáles son tus sueños o que consideras es la felicidad, veras que sus respuestas están centradas en lograr solo tres aspectos: dinero, propiedad y trabajo.

La hechicería se vale de esta frívola pretensión para mantenerlo siempre "interesado" de lo que está por suceder. Y en mi caso, este fue mi segundo error.

No se deje engañar. El demonio no tiene la facultad de saber lo que hay más allá de su nariz, tampoco es capaz de leer sus pensamientos, ni en este mundo donde se mueve a placer entre los incautos que le buscan, ni en el mundo espiritual donde mantiene cautivos a los que cayeron en sus tretas y artimañas.

Solo Dios conoce su destino y su pensamiento, porque solo él creó todas las cosas incluyendo el tiempo y el final. Quizás Usted nunca ha leído la Biblia y por eso no conoce la historia de un hombre llamado Daniel, pues voy a provechar la ocasión para contarle un poco de quién fue y por qué Dios siempre estuvo con él.

Daniel tuvo una vida llena de vicisitudes y adversidades. Fue víctima de la invasión de su ciudad en Jerusalén por el rey Nabucodonosor donde soportó ser llevado como esclavo a Babilonia junto a sus amigos Sadrac, Misael y Azarías. Allí Daniel luchó para mantenerse fiel a Dios y no contaminarse con los ritos de una cultura pagana e idolatra que practicaban los babilonios.

Su constancia y fidelidad a Dios le provocaron persecuciones y varias sentencias de muerte de parte de sus captores, pero siempre consiguió favor y gracia a los ojos de Dios quien le cuidaba de una forma especial.

Resulta que en una oportunidad, el rey Nabucodonosor pasó un periodo en el que había tenido una serie de pesadillas que lo atormentaban. El rey consultó con todos sus magos, astrólogos, adivinos y hechiceros, pero ninguno pudo ayudar al rey. Esto enfureció tanto a Nabucodonosor, que ordenó la ejecución de todos los sabios en la nación.

Daniel y sus amigos eran considerados sabios en su tierra y los cuatro estaban bajo amenaza de muerte, por lo que debían hacer algo para cambiar ese destino. Y fue entonces cuando Daniel pidió revelación a Dios.

Y Dios al ver que sus vidas estaban en riesgo, se apresuró en acudir en respuesta a las plegarias de Daniel y le entregó la salida que salvaría sus vidas, revelándole el significado de los sueños del rey.

Una vez que Daniel comunicó al rey Nabucodonosor la revelación que Dios le dio de sus sueños, este les perdonó la vida y alabó al Dios de Daniel.

Lo que le quiero decir con este relato, que le invito a leer y ampliar en la Biblia, es que solo Dios puede revelar lo oculto, lo verdadero, lo que está por venir. Sepa además, que Daniel fue favorecido ante Dios por los sacrificios que hizo para acercarse a su corazón y al no dejarse corromper por la inmundicia idolatra de los hombres de babilonia, por lo que jamás se postró ante ellos.

Daniel se propuso tan fervientemente "oír la voz de Dios" que ayunó durante 21 días para recibir el don de la revelación. Daniel buscaba develar y entender unas visiones confusas que había tenido, a lo que Dios no sólo le escucho, sino que le envió un Ángel para contestar su petición. Daniel 10:12

Durante este tiempo de ayuno y oración, Daniel pidió el favor de la sabiduría y el entendimiento de Dios, y su propósito lo hizo obtener un inigualable crecimiento espiritual; su conexión con Dios fue tan profunda que Dios no tuvo reparo en revelar a Daniel todo tiempo futuro. ¡Así como lo oye! Dios le mostró a Daniel todo hasta el final de los tiempos.

Los lazos de Daniel con Dios fueron tan estrechos, que Daniel fue lanzado a un foso de leones hambrientos y salió ileso, sin un rasguño. Daniel 6:16-26

Y la ausencia de este poderoso don enfurece al enemigo de Dios. Y para desquitarse, el demonio teje sus engaños para hacerle creer que él también tiene el poder de la revelación. Y usa como instrumentos en este mundo a los hechiceros, agoreros, adivinos y espiritistas, que se valen de todo tipo de artificios como cartas, tabaco, café, cocos y pare Usted de contar cuantas cosas más, para hacerle creer que ellos efectivamente, también tienen el don de "revelar el futuro".

Como diría mi abuelita: ¡No hay peor ciego, que el que no quiere ver!

¿Usted cree que Dios no conoce su futuro? Entérese de esta revelación:

"Porque los caminos del hombre están ante los ojos de Jehová, Y él considera todas sus veredas"

Proverbios 5:21

¿Quién mejor que Dios, para saber de su futuro?

3.- El Poder: El hombre añora sentirse poderoso, privilegiado por encima de los demás.

No hay nada más increíble que tener poder. Si Usted analiza a los superhéroes de los comics, lo primero que Usted pregunta es: ¿cuál es el poder de este? Y allí le extenderán una amplia gama de poderes que los hacen sobre-humanos.

La fascinación de tener un poder es algo que siempre ha maravillado al hombre. Tener algo que resalte por encima de los demás es una sensación abrumadora. Y la pretensión de poder ha llevado a la humanidad a los actos más atroces que se hayan podido conocer.

El "poder" le da la capacidad de influenciar o controlar a los demás, de repartir recompensas e impartir castigos, de estar casi por encima de las circunstancias y ser la autoridad suprema reconocida. La codicia de poder es mayor que la codicia por el dinero.

Además, el poder le da un sentido extra en su autoestima, le hace sentir "superior". El poder enaltece el ego y te llena de vanidad. Te da una falsa sensación de mando con atribuciones sobre las personas y sus situaciones, sean adversas o favorables, siempre y cuando estén sujetas al criterio del más poderoso.

El poder da jerarquía, y esa jerarquía otorga privilegios.

Es por ello que en la santería por ejemplo, mientras más collares de santos se poseen, mayor es el rango dentro del gremio y por consecuencia se tiene mayor poder, siendo el "babalao" la jerarquía de mayor poder.

En el espiritismo, el poder radica en quien presta su cuerpo para el uso de los muertos, es decir que el "médium" es quien tiene mayor poder en el centro espiritista.

En el ámbito de la iglesia católica, el papa ejerce el poder máximo por ser la más alta jerarquía. Es una relación subordinada de poder como los escalafones diferenciados que existen en el ejército; primero el papa, luego los obispos, cardenales, sacerdotes hasta llegar al más bajo y de menos poder como es el monaguillo. Lo que sí está claro es que de alguna forma, todos operan bajo un grado de "poder".

La brujería le vende la idea, de que Usted al practicar la brujería, posee o le ha sido otorgado un "poder sobrenatural", que le hace superior a cualquier mortal. Y este fue mi tercer error.

En mi caso, siempre he sido siempre una persona altamente competitiva, por lo que me gusta ser el mejor y destacar en todo lo que hago. Y fue así como pasado un tiempo, me vi totalmente sumergido en el mundo de la hechicería donde incluso, adquirí jerarquía y obtuve un lugar preponderante en el gremio.

Y ejercía el "poder" que sentía me había ganado. Yo llegue a experimentar y practicar el "Poder" de la oscuridad y me sentí privilegiado de administrarlo a placer.

Esta falsa creencia, sería un camino que transitaría por varios años y que llegue a conocer a profundidad. No existía un lugar donde se practicara el espiritismo que yo no hubiese visitado.

Fui a los lugares más emblemáticos en Venezuela, como son la montaña de Sorte en Yaracuy, El Ingenio en Guatire y Carmen de Urea en el Estado Vargas, por citar algunos.

Este último, es el pueblo que desapareció de la faz de la tierra en la Tragedia de Vargas del año 1999. Solo Dios sabe por qué.

Y Usted me preguntará: ¿La maldad tiene tanto poder? Claro que lo tiene. Los demonios y entidades de la oscuridad tienen el poder de truncar los caminos, de aplastar los sueños, de frustrar propósitos, de destruir vidas, familias, relaciones, de consumirlo hasta volverle cenizas. ¡El mal tiene Poder!

Y ese poder lo comparte con Usted cuando Usted le sirve. Si Usted está a su servicio, entonces el poder del mal se hace generoso con Usted.

Lo que Usted no sabe, es que ese supuesto "Poder" del que presumes te está dando la hechicería, la brujería, el espiritismo, la santería, la oscuridad: no es gratis. Y créame cuando le digo que tarde o temprano le hará llegar la factura con la hora de pagar.

Como diría mi abuelita: ¡Dale poder a un hombre y sabrás quien es!

¿Usted cree que Dios no le ha entregado poder? Si no lo sabe, Jesús nos hizo esta promesa:

"De cierto, de cierto os digo: El que en mí cree, las obras que yo hago, él las hará también; y aún mayores hará, porque yo voy al Padre."

Juan 14:12

¿Quiere tener más poder que este?

Para resumir, es importante que le haya quedado claro que el miedo, la incertidumbre y la codicia, son tres debilidades que lo convierten rápidamente en candidato para un camino de hechicería. Y son las herramientas que utilizará el oscurantismo para apoderarse de Usted hasta arrastrarlo mansamente a un camino de idolatría devastador.

La mayoría de los llamados "líderes religiosos" le inducen y manipulan aprovechándose de su miedo, de su incertidumbre por el futuro y su codicia por ser poderoso, porque ellos viven de estos "servicios".

Básicamente la fórmula es: infundirle temor para poder ofrecerle su citada protección, luego le predicen el camino que debe tomar aconsejándole para evitar caer en maleficios, y terminan iniciándolo en los caminos que le darán el poder que ellos ostentan, y que le aseguran Usted también podrá tener mientras les sirvan fielmente.

Pero no crea Usted que estos "servicios" son gratis, ¡No Señor! todos tienen costos monetarios y espirituales. A Usted le van a cobrar dinero por cada protección, por cada adivinación y por cada cuota de poder.

De los costos monetarios es posible que algún día se recupere, pero de los espirituales no le aseguro nada.

Si algo aprendí de lo que la idolatría es capaz de hacer, es que el mal te da la potestad de destruir. Yo Conocí toda clase de conjuros, bebedizos, velados y todo aquello que le pueda sonar espantoso, pero que son las bases de funcionamiento de la hechicería.

Por medio de la brujería conseguí mejores puestos de trabajo que me permitieron una estabilidad económica envidiable. Esta seguridad financiera me ayudo a ofrecerle matrimonio a la mujer que hoy día es mi esposa.

Dos años después de casarnos, quedó embarazada de la primera de mis dos hijas, y ahora había que buscar la seguridad de un hogar. Y fue por medio de la brujería que adquirí rápidamente un apartamento para vivir.

El dinero fluía fácilmente en todo lo que hacía. Pude amoblar y equipar mí casa en unos pocos meses, pude igualmente comprar un auto, e inauguré además un negocio propio. ¿Qué más se podía pedir?

La brujería me proveía y recibía los favores de los llamados santos y espíritus que idolatraba, incluso llegue a montar un altar con imágenes y toda clase de herramientas en toda una habitación de la casa.

Era solo para ellos, allí hacia sacrificios de pequeñas aves y se las ofrecía como ofrenda por los favores recibidos. Allí también recibía a los nuevos incautos para consultarles y predecirle el futuro con la lectura del tabaco o de cocos, convirtiendo mi hogar en un centro de operaciones.

Una cosa que te hace ampararte en la brujería, y que fue lo que me llevo posteriormente a "evolucionar" a la santería, es la creencia de que lo que tu estas practicando y haciendo es "bueno".

Tú estás plenamente convencido, que tú eres el mejor aliado de Dios, que tu estas trabajando para Dios. ¡Qué Horror!, lo que la confusión y la ignorancia te hacen especular.

Que los llamados "santos" son los mismos que venerabas en los templos de la iglesia católica, es decir: Olofi hacia el equivalente a dios (Que el Señor los reprenda, nada más por mencionar su santo nombre), Obatalá es la virgen de las mercedes, Oshun la virgen de la caridad del cobre y así cada uno es, una representación equivalente a un santo o una virgen del catolicismo.

Y créame que muchas de estas personas están convencidas, que cuando montan un "trabajo" contra alguien están haciendo el bien y Dios está de su lado, respaldando sus abominaciones. Que están combatiendo al diablo y a los espíritus demoniacos.

Esto lo llegas a creer, sin darte cuenta que lo que estás haciendo realmente, es obrando como esclavo al servicio del diablo y transitando un camino que te conduce a la desgracia.

Incluso, no hay brujo o santero que no tenga una Biblia abierta y que se conozca el Salmo 91 creyendo con ello, que la palabra de Dios lo respalda. Para ser franco, hoy día cuando alguien se me acerca y me recita de memoria el salmo 91, enseguida prendo mis alarmas porque sé que de alguna manera conoce o ha coqueteado con la brujería.

El venir de este mundo oscuro me ha dado la sensibilidad de reconocer cuando las personas han simpatizado con la hechicería y buscaron o anhelan seguir buscando de ellos, antes que de Dios.

Sé cuándo las personas se refugian en Dios pero no le creen a Dios. De estos corazones falsos, encontrará por multitudes dentro de las iglesias cristianas. No crea que por ser cristiano voy a hacer excepción.

Es como cuando alguien te persigue y te tapas detrás de otra persona para que no te vean. Eso demuestra que crees en aquellos que te persiguen y reconoces el poder que tienen de dañarte, pero ni siquiera volteas a creer en el que se puso delante de ti para protegerte.

Así de ofendido se siente a veces Dios cuando no le creen. Porque esas personas no han tenido aun un encuentro con él y siguen atados al temor de sus perseguidores. Están tan atados, que aún le sirven sin darse cuenta.

Yo tengo que decirle, que Dios le ama tanto que le protege desde antes de nacer. Porque Usted está hecho a su imagen y semejanza, y desde su nacimiento le entrego un camino pleno de dicha y felicidad, dándole dones y talentos que le proporcionaran toda la felicidad posible y que lo hacen capaz de convertirse, en un ser extraordinario.

Para Dios Usted representa lo más importante de su creación, por ello le entregó todo poder sobre todo lo creado.

Entonces, ¿qué justificación tiene Usted para buscar otros dioses e idolatrarlos? Si Dios le ha demostrado que lo ama sin pedirle nada a cambio, sin condiciones, sin reservas.

A través del tiempo, Jehová se ha dado a la tarea de advertir al hombre, pero son pocos los que buscan de la palabra para entenderla. A Moisés le habló así:

"Cuando entres a la tierra que Jehová tu Dios te da, no aprenderás a hacer según las abominaciones de aquellas naciones. No sea hallado en ti quien haga pasar a su hijo o a su hija por el fuego, ni quien practique adivinación, ni agorero, ni sortílego, ni hechicero, ni encantador, ni adivino, ni mago, ni quien consulte a los muertos. Porque es abominación para con Jehová cualquiera que hace estas cosas, y por estas abominaciones Jehová tu Dios echa estas naciones de delante de ti."

Deuteronomio 18:9-12

Jehová advirtió también a Jeremías de esta manera:

"Y vosotros no prestéis oído a vuestros profetas, ni a vuestros adivinos, ni a vuestros soñadores, ni a vuestros agoreros, ni a vuestros encantadores, que os hablan diciendo: No serviréis al rey de Babilonia. Porque ellos os profetizan mentira, para haceros alejar de vuestra tierra, y para que yo os arroje y perezcáis."

Jeremías 27:9-10

Es por ello que Jehová escarmienta sin clemencia al que le ofende sirviéndoles con Idolatría a dioses ajenos:

"Cuando se levantare en medio de ti profeta, o soñador de sueños, y te anunciare señal o prodigios, y si se cumpliere la señal o prodigio que él te anunció, diciendo: Vamos en pos de dioses ajenos, que no conociste, y sirvámosles; no darás oído a las palabras de tal profeta, ni al tal soñador de sueños; porque Jehová vuestro Dios os está probando, para saber si amáis a Jehová vuestro Dios con todo vuestro corazón, y con toda vuestra alma. En pos de Jehová vuestro Dios andaréis; a él temeréis, guardaréis sus mandamientos y escucharéis su voz, a él serviréis, y a él seguiréis. Tal profeta o soñador de sueños ha de ser muerto, por cuanto aconsejó rebelión contra Jehová vuestro Dios que te sacó de tierra de Egipto y te rescató de casa de servidumbre, y trató de apartarte del camino por el cual Jehová tu Dios te mandó que anduvieses; y así quitarás el mal de en medio de ti."

Deuteronomio 13:1-5

Como le decía, no se trata de intimidarlo, sino de fortalecerlo en el conocimiento de la palabra y que sea la misma palabra de Dios la que lo convenza y le haga reflexionar antes de caer en ofensa a Dios.

¿Quiere saber cómo se logra eso? se le voy a contar. Yo más que nadie deseo narrarle como fue sellado por Dios mi testimonio y como logre salir de la penumbra.

Pero antes tengo algunas otras cosas que revelarle aún, porque existe otro modelo de Idolatría del que quiero advertirle; uno que arrastra a sus hijos y seres queridos sin notarlo y que estoy bastante seguro, que jamás había escuchado.

Por ello estoy desnudando a la idolatría en todas sus formas y facetas posibles. Le estoy

entregando a Usted las mismas armas que Dios me dio para aplastar la idolatría.

Capítulo V - La Nueva Idolatría

Si algo me ocupa enormemente, es ver la idolatría que se ha extendido peligrosamente en el mundo de hoy y que transciende más allá de la naturaleza religiosa.

La idolatría que viene creciendo en el último tiempo se mueve de manera sigilosa, y se presenta como un verdadero reto para los seguidores de Cristo. Es una tarea donde todos estamos llamados a estar alertas, para concientizar al pueblo cristiano en este nuevo modelo de idolatría que nos acecha.

Estoy casi seguro que Usted nunca se había detenido a pensar en ello, pero estoy obligado a revelarle un modelo feroz de idolatría que se está apoderando de las Naciones. Y ¿Cómo lidiar con este asesino silencioso que invade la mente de todos y los aleja de Dios sin que lo parezca?

Analicemos un poco al respecto, para determinar las aristas del enemigo que enfrentamos.

Desde el inicio de los tiempos, un ángel llamado Luzbel intento ser semejante a Dios y por ese acto de rebeldía, fue desterrado de los cielos. Desde su caída, ha buscado que el hombre lo venere como a un dios, aplicando estrategias diferentes para distanciar al hombre de Dios, con el fin de quitarle a Dios el primer lugar.

Lucifer les ha entregado a los hombres a través de los años, algunos "seres supremos" buscando precisamente distraer a los hombres de su relación con Dios. Y en cierto modo, parcialmente lo ha logrado con: Brahma, Shiva, Alá, Mahoma, Buda, Krishna, Bahal y algunos otros.

Cada uno de estos fabulosos seres posee una aparente ideología, una filosofía, un libro sagrado, cada uno lidera una religión plagada de ritos y creencias, y atribuyéndole a cada ser, una cantidad de poderes de creación, salvación, reencarnación, curación que han cautivado a multitudes, haciéndoles seguidores fieles y practicantes devotos en poderosas naciones.

Todos estos seres tienen algo en común, y es que ninguno se despojó jamás de su deidad para hacerse hombre como hizo Dios por medio de Jesús para dar la salvación. Por el contrario, muchos eran hombres como Mahoma o Buda que fueron convertidos en dioses por sus seguidores.

Y un detalle con respecto al Cristianismo que no han podido superar pese a los poderes que se le atribuyen, es que ninguno de ellos han logrado "resucitar" de entre la muerte como lo hizo Jesús, es decir, murieron y nunca regresaron de sus cenizas.

Y a pesar del relativo éxito del demonio en frustrar los planes de Dios, la veneración a estos falsos dioses no superan, aun uniendo todas las corrientes religiosas, el 20% de la población mundial. Eso sin contar el 3% que dice falsamente ser "ateo" y no tener ninguna creencia. Información sustentada según un estudio realizado por "Pew Research Center" de 2017, que determinó, que el 77% de la población mundial es practicante del cristianismo.[10] Dejando el plan de la diversidad religiosa en un claro fracaso.

Sin embargo, en el nuevo siglo el demonio ha gestado un nuevo patrón de Idolatría diferente a la idolatría religiosa, algo que quizás nunca pensamos ver y del cual el demonio se ha hecho dueño para impulsarlo. Esta nueva idolatría avanza a pasos agigantados frente a propios y extraños, arroyando creencias y atrayendo multitudes: **El culto, la veneración y la reverencia al hombre.**

No sé si Usted ha logrado percatarse, del exacerbado fanatismo que se despliega hacia personas exitosas o famosas, ya sean deportistas, cantantes o grupos musicales. Y debemos incluir en la lista, la dirección propagandística que han tomado algunas organizaciones, partidos políticos y líderes mundiales que han dado paso a movimientos tendientes a propiciar la veneración y reverencia en torno a sus figuras públicas, organizaciones y partidos, creando un culto a su alrededor que sobrepasa los límites conocidos.

Se lo voy a poner de esta manera. Quien no ha visto como en trasmisiones deportivas, a personas que se arrojan sobre jugadores de futbol como Messi, Cristiano Ronaldo, Ronaldinho o Zidane para besar sus zapatos.

¿Nunca había reparado en ello?

---

10   https://elordenmundial.com/cuantas-religiones-hay-mundo/#:~:text=Seg%C3%BAn%20un%20estudio%20del%20Pew,%2C%25%20por%20el%20juda%C3%ADsmo.

Usted no ha visto a personas postradas en señal de alabanza a los pies de un piloto de Fórmula 1 como Max Verstappen, Michael Schumacher, Lewis Hamilton o Fernando Alonzo, y pudiera citar a unas mil luminarias en todo tipo de actividades deportivas del básquetbol, tenis, béisbol, atletismo, a las que el mundo de hoy reverencia más allá de la admiración, otorgándoles incluso el título de "Ídolo"

Y no se ha percatado de lo que pasa con el mundo de la música donde Shakira, Chayanne, Beyoncé, Elvis Presley, Michael Jackson y muchos más ya también han trascendido a la categoría de cantantes para ser "ídolos musicales".

Bandas musicales como los Beatles, Queen, The Rolling Stones o Led Zeppelin que generan multitudes de seguidores en todo el mundo, cuyos logros ya se reverencian en museos, generando todo tipo de coleccionables y hasta bustos públicos. Y eso sin contar a los venerados de Hollywood en todas las categorías del cine y la televisión, a quienes les han concedido el privilegio de una estrella en el paseo de los famosos de los Ángeles.

Lo preocupante de todo esto, es que está pasando frente a todos nosotros y pareciera que no nos damos cuenta. Es tan cotidiano, que ya lo vemos como "normal". Pero ¿Usted cree que Dios lo ve de la misma manera?

Yo en lo particular, no consigo nada malo en sus profesiones o actividades y tampoco tengo nada en contra de aquellos que logran destacar, conquistar y alcanzar el éxito. Por el contrario, lo celebro porque ¡Dios hizo al hombre para Triunfar!

Me encanta oír los relatos y testimonios de personas que alcanzaron sus sueños, sus metas. Soy de los que aplaudo a los que dieron su mayor esfuerzo y se sacrificaron por lograr la cúspide de la fama superando todos los records más allá de las dificultades; para mí eso está bien, que sean admirados por sus grandes talentos y dones. Eso es parte del reconocimiento que se merecen, y que se ganaron trabajando para ser cada día mejor.

Y puedo entender que muchos de ellos no poseen siquiera una relación con Dios. Por lo que ciertamente, muchos de estos éxitos, dones y talentos no están al servicio de Dios. Es decir, el Señor se los entregó más el no recibe ni la Honra ni la Gloria por ello.

Pero ¿Quién soy yo para juzgar sus creencias? En caso tal, la falta ha sido nuestra por no conducirlos al camino de Dios, para ser multiplicadores de la palabra que dice:

"Se pueden realizar distintas actividades, pero es el mismo Dios quien da a cada uno la habilidad de hacerlas. Dios nos enseña que, cuando el Espíritu Santo nos da alguna capacidad especial, lo hace para que procuremos el bien de los demás."

1 Corintios 12:6-7

Al respecto solo nos queda, confiar reposadamente en el Señor para que cada uno de ellos, "procure hacer el bien a los demás"

Ahora bien, sin el ánimo de exonerar a nadie de culpa, debo decir que estos deportistas, artistas de cine o cantantes de géneros musicales tampoco han buscado ser llamados así. Les aseguro que jamás fue su intención el convertirse en ídolos de nadie. Incluso muchos de ellos viven una agonía, escondiéndose de las multitudes que los idolatran.

Por tanto, no los podemos meter a todos en un mismo saco, ya que muchos de ellos son humildes y ajenos a esta euforia, donde no han pedido jamás ser reverenciados de la forma en que sus seguidores lo hacen y no esperaron convertirse en leyendas.

A los que no justifico de ninguna manera, es a las personas, fanáticas y admiradores en extremo que les han dado esos atributos aun sin ellos pedirlos. Sin embargo, dando a ellos también el beneficio de la duda, lo verdaderamente malo está cuando estos famosos empiezan a recibir con agrado la idolatría que reciben de sus propias imágenes públicas.

Pues déjeme decirle, que si hay quienes se sienten a gusto cuando los veneran, porque lamentablemente, la fama enferma el ego y el exceso de atención, contribuye a la vanidad que sus seguidores y fans alimentan.

Y esto lo podemos evidenciar, en personajes que ocupan otros escenarios muy diferentes al del mundo artístico o deportivo y que no son precisamente por el resultado de sus talentos, que son vistos y seguidos por las multitudes.

Lo que se está gestando en el ámbito social, gubernamental y político, y que ha iniciado en América Latina como un reguero de pólvora, nos debe llamar a levantar importantes alarmas de emergencia.

Da escalofríos, apreciar la maliciosa conducción que los políticos y dirigentes partidistas están haciendo a sus campañas de imagen, donde conscientemente están buscando resaltar sus figuras públicas con la firme pretensión de ser "reverenciados como dioses salvadores de los pueblos a los que representan", para ser elevados a los altares del poder, de una manera prolija y planificada.

La manipulación planeada de los discursos y el aprovechamiento de las bondades del poder para la imposición de estas ideas, han deteriorado las corrientes políticas de gran parte de la América Latina en lo que va de este siglo, promoviendo inexorablemente la idolatría del pueblo sobre la figura de desaparecidos idealistas como El Che Guevara, Mao Tse Tung, Ho Chi Minh, Rosa Luxemburgo, Lenin, Marx y otros; para fortificar la imagen de hombres como: Fidel Castro, Hugo Chávez, Daniel Ortega, Lula Da´Silva, Evo Morales, Néstor Kirchner, Rafael Correa entre otros a quienes se les ha conferido el poder para guiar a sus naciones.

Y son ellos precisamente, quienes se han prestado para consolidar este modelo de Idolatría a lo largo del continente, expandiendo sus tentáculos a diferentes naciones del mundo.

Porque más allá de lo bueno o malo de sus gestiones, y sin ánimo de juzgar sobre la realidad de sus verdaderas intenciones para con los pueblos, preocupa la forma en que estos personajes se han encargado de promover la veneración y el culto en torno a sus imágenes públicas, a la veneración premeditada de sus nombres e incluso de los partidos políticos que sustentan sus ideales y lineamientos políticos.

Basta observar los planteamientos del llamado Socialismo del siglo XXI en Venezuela, el pensamiento guerrillero de las FARC en Colombia, el movimiento Zapatista de México, la izquierda sandinista en Nicaragua, entre otras organizaciones que se han dedicado a deformar sistemáticamente el pensamiento crítico y abolir toda forma de disidencia; creando así, seguidores autómatas, adeptos e incapaces de pensar por sí mismos, que solo repiten el adoctrinamiento inculcado y por el que han sido sometidos.

A simple vista, este sistema, parece ser inofensivo y legítimamente enfocado simplemente en ganar seguidores que sin cuestionar, los consoliden en el poder, garantizando con ello la permanencia por amplios periodos de tiempo dentro de las esferas de gobierno.

Pero cuando escuchas los discursos políticos de los líderes de estas organizaciones, que colocan como abanderado de sus propuestas políticas nada más y nada menos que a Jesús, desvirtuando su propósito y erigiéndolo como el "precursor" de las batallas revolucionarias contra los llamados "sistemas imperialistas" con la excusa de una supuesta "lucha de clases" (como la planteada por Karl Marx). Es en ese momento cuando te replanteas lo que verdaderamente persiguen políticamente y la realidad de lo que pretenden como organización.

Y cobra un nuevo sentido, el agresivo avance de estas líneas de pensamiento, que van más allá de lo político al plantarse como falsos profetas redentores de sus naciones.

El logro de estos objetivos está apoyado por una poderosa y eficiente maquinaria propagandística capaz de mantener colores, música e imágenes en el foco visual y auditivo de las personas las 24 horas del día los 365 días del año.

No en vano vemos sus rostros, fotografías e imágenes en vallas publicitarias, libros, paredes, cuadros y hasta en llaveros; invadiendo además los medios impresos, televisivos, radiales, redes sociales y todo tipo de espacios públicos, calles, plazas, parques y avenidas. Al punto de sustituir los nombres originales de estos lugares, para colocar sus nombres en ellos.

Y esta estrategia desplegada por el enemigo, le ha permitido a sus líderes políticos y organizaciones, ganar terreno para el fortalecimiento de sus imágenes, haciéndose imprescindibles al presentarse como los libertadores de los pueblos, trayendo consigo la reverencia y el culto a sus personas, fomentando una nueva forma de idolatría.

Como cristianos debemos saber que esto está pasando en nuestras narices y no hemos accionado (me incluyo) de ninguna forma para frenarla. Se han refugiado bajo la custodia de las armas, y fortalecidos por las instituciones militares en toda la región, lo que los ha puesto en una posición de "intocables"

Y la fechoría crece, arrastrando a propios y a extraños. ¿Cuantas personas no se han tatuado sus cuerpos con los nombres, rostros y símbolos de estos falsos profetas?

Incluso hermanos de la fe se han dejado arrastrar mansamente a este sistemático modelo de idolatría, trabajando y ganado puestos dentro de sus organizaciones, respaldando sus ideales y defendiendo a capa y espada la idolatría que propician, abriendo contienda contra quienes se les opongan sin entender el trasfondo que los está manipulando. ¿A dónde va a parar esto?

Hoy vemos con preocupación a naciones enteras, donde sus ciudadanos están divididos y subyugados por estas ideologías políticas. Familias que ahora no se hablan, matrimonios rotos por diferencias políticas, hijos que no honran a sus padres por sus dogmatismos políticos. ¡Todo un festín para el diablo!

Y a todas estas, ¿En qué parte del camino se les perdió Dios? Nunca se han detenido a pensar ¿En qué lugar están dejando a Dios?

A quienes tienen y han tenido el destino de los pueblos de América en sus manos, les recuerdo lo que Dios más aborrece de los hombres:

"Seis cosas aborrece Jehová, Y aun siete abomina su alma: Los ojos altivos, la lengua mentirosa, Las manos derramadoras de sangre inocente. El corazón que maquina pensamientos inicuos, Los pies presurosos para correr al mal. El testigo falso que habla mentiras, Y el que siembra discordia entre hermanos"

Proverbios 6:16-19

En Venezuela por ejemplo, la práctica de la idolatría y el culto a la figura del fallecido presidente Hugo Chávez ha llegado a los límites del delirio religioso. Fanatismo que fue propiciado en torno a su figura por el propio Hugo Chávez durante los años en que ejerció la presidencia de Venezuela, alzándose entre las multitudes como un ídolo.

Para que tengan una idea, desde su muerte se ha hecho cotidiano entre sus seguidores, el encenderle velas e incluirlo en los rituales espiritistas, santeros y paganos de adoración, donde le piden de rodillas, se le rinde culto e incluso lo reverencian como a un dios.

La intransigencia de sus seguidores es tal, que les ha llevado a pintar en plazas públicas a Chávez por encima de Dios e incluso, hoy le hacen llamar el "Comandante Eterno" ¡Sencillamente la blasfemia se ha apoderado de sus corazones!

Desconozco la magnitud de los rituales de veneración y culto que se manifiestan en el resto de América Latina sobre las figuras de sus líderes; por tanto me limito a hablar solo de lo que conozco y puedo dar por testimonio. Pero debo suponer que no distan mucho, de lo que Venezuela padece porque el plan es el mismo, la estrategia se sigue al pie de la letra, y los resultados son idénticos.

Cuanto lamento que naciones como México, Nicaragua, Cuba, Brasil, Bolivia, Ecuador, Argentina y quien sabe cuántas más, estén sumidas en la idolatría doctrinaria de sus líderes y organizaciones políticas.

Como cristiano tengo la obligación de alertar sobre las consecuencias de estos actos, de la ofensa y falta de temor a Dios, de la blasfemia contra su nombre, conforme está escrito en la palabra:

"Y el que blasfemare el nombre de Jehová, ha de ser muerto; toda la congregación lo apedreará; así el extranjero como el natural, si blasfemare el Nombre, que muera"

Levítico 24:16

Estemos alertas a las estrategias del enemigo. Es hora que te levantes contra lo que es ofensa a Dios, venga de donde venga.

¡La Victoria está en las manos de los que creen en Dios!

Capítulo VI - La Oportunidad de Dios

Hablemos de salvación por medio de la oportunidad. ¡Solo Dios lo hace posible, pero debes estar dispuesto!

Como les había comentado, yo estaba entregado en cuerpo y alma a hacer el bien por medio de la brujería. Una verdadera contradicción, pero eso era lo que yo daba por cierto.

Estaba tan seguro de lo que hacía, que era incapaz de cuestionar "nada".

Pero los tiempos del Señor son perfectos, créame que cuando Dios se cansa de sus errores, le abre la puerta y le dice: ¿te vas o te quedas conmigo?

Y fue así como Dios empezó a gestar mi transformación.

Un día de aquellos años cuando estaba sumergido en la oscuridad, me llegaron noticias de la situación matrimonial de una amiga. Recordé que a esta joven, le habíamos hecho unos años atrás, un "trabajo" para apartar de su camino a su esposo.

Las razones que nos llevaron a montar este "trabajo", y digo "nos llevaron" porque éramos un grupo de brujos, fueron justificadas por ella misma en una "sesión de consulta".

Su historia era terrible: ella conoció en su adolescencia a un hombre maravilloso que la llenaba de atenciones, este fue su primer y único amor; pasados unos años de feliz noviazgo, dieron un paso al frente y se casaron. Una vez iniciada la vida matrimonial, el hombre con el que se casó mostró su verdadero rostro y se transformó en un monstruo que la golpeaba constantemente, la mantenía amenazada de muerte e incluso la violaba a diario.

Atendiendo la súplica de esta amiga, se hizo el "trabajo" que tenía como objetivo, apartarla de este hombre. Al poco tiempo me enteré que ella se fue a vivir con sus padres y había logrado iniciar el divorcio. O sea, el trabajo funcionó.

Pero no todo quedó allí, pasados unos meses de su separación me llegó otra noticia, donde desafortunadamente este hombre en una riña callejera, recibió una puñalada en el corazón y murió instantáneamente.

Este hecho me impactó. Fue como un mazazo que me hizo cuestionar de inmediato la noticia. ¿Murió porque era su destino o a consecuencia del "trabajo" que se hizo?

¡Vaya! Esto no es lo que yo hubiese querido, jamás haría algo para que se le quitara la vida a alguien ¿Estaré realmente haciendo lo correcto? ¿Es bueno lo que hago? ¿Está Dios de acuerdo con esto?

Esta cantidad de dudas empezó a inundar mi pensamiento y a inquietar a mi espíritu. Empecé a cuestionar si cuando se hacía un trabajo de "amor" por ejemplo, no estaba yo quizás forzando la unión de dos personas que no estaban destinadas a estarlo. Prácticamente estaba contribuyendo a la infelicidad de ambos por la pretensión mezquina de uno.

Fue así como emprendí un proceso de meditación y análisis, donde empecé a rememorar cada trabajo de hechicería que había hecho en el pasado. Me dediqué a prestar mayor atención a las aristas que a veces no se ven pero que traen consecuencias. Y fue precisamente en esas consecuencias en donde inicie mis cuestionamientos.

Creo que de alguna forma Dios empezó a abrir mis ojos. Él se encargaba de rememorar en mi mente a las personas que habían sido atendidas en las sesiones de consulta y empecé a notar, que había una especie de oscuras intenciones que ocultaban los corazones de estas supuestas víctimas. ¡Nunca había pensado esto de esta forma!

Entendí que cada vez que se buscaba complacer a alguien con un favor de un "santo" o de un "espíritu de los buenos", el favor estaba condicionado para pisotear la cabeza de alguien más, es decir, tú prosperidad está supeditada por el hundimiento de tu pie sobre la cabeza de alguien más.

Es como cuando te estas ahogando y empiezas a hundir al rescatista que te está salvando.

Esa era la forma de maniobrar de la hechicería y la brujería. Ahora veía claro, la forma en que irrumpen en el orden natural de la vida de las personas.

Voy a realizar un breve paréntesis para explicárselo, porque es necesario que Usted sepa cómo opera el mundo de las tinieblas. Preste atención a lo que le voy a revelar, para que logre razonar cómo funciona un "trabajo" de brujería y las consecuencias que esta "buena obra" proporciona.

Un joven llega donde el hechicero pidiendo se haga un "trabajo" para su profesor de la universidad, para que le ayude a aprobar un examen. El brujo inmediatamente monta un "trabajo" y se vale del mundo espiritual para doblegar a "ceder" a este profesor, de aprobar a este joven en su examen.

Lo que Usted posiblemente desconozca, es que este desdichado joven es un verdadero vago que no le interesa estudiar, un flojo que no sabe nada de la evaluación porque jamás va a clases y nunca se ha esforzado por prosperar. El profesor en cambio es un hombre de una intachable reputación académica y de una probada estima por el gremio, donde solo los más brillantes y estudiosos califican para aprobar su materia.

¿Qué cree Usted que hace este "trabajo" en la vida de este profesor? Lo que el mundo oscuro traerá a su vida no son precisamente bendiciones. Estos espíritus le atormentarán hasta doblegarlo a no reprobar al muchacho, su mente será forzada, confundida y su ética será pisoteada.

Esto es lo que hace el mundo de la hechicería para acceder a los "favores" que algún día le van a cobrar, no piense que son de gratis. Cada "trabajito" arroja maldiciones y aflicciones sobre unos para favorecer a otros.

En consecuencia, este profesor ha quedado señalado y desacreditado por el gremio académico, por no haber reprobado a este joven, a quien todos saben sería imposible que pasara esta prueba. Injustamente se le calumnia, acusándolo de haber recibido sobornos del joven, y ante la presión de la institución, decide dimitir de su cargo y al único medio de sustento que conoce, su profesión, su sueño.

Ahora le pregunto: ¿Qué es lo bueno que hay en esto? Se destruye la vida de una persona para favorecer a quien en lo natural estaba destinado a fracasar. Y ese es el orden natural que la hechicería socavó, corrompió y envició.

Ese joven jamás va a aprender de su fracaso, porque se le dio una oportunidad inmerecida; y el profesor perdió el trabajo que hacía con excelencia porque fue maniatado por un "trabajo" de hechicería.

Esto no me lo contó nadie, yo también quedé horrorizado cuando empecé a ver que esto, no estaba bien.

Le confieso que entender este sistema nefasto, fue como si abriera los ojos después de retirar un vendaje. Por vez primera entendí que me estaban usando, que había sido manipulado para destruir vidas, sueños, esfuerzos.

Y desde el primer momento en que empecé a cuestionar, desde ese mismo instante también empecé a perder los favores que antes florecían a mi paso. Comprender este perverso sistema propicio una avalancha de consecuencias que de la nada, empezaron a surgir y una cadena de eventos adversos se levantó en mi contra.

Es como cuando te dicen: "Si no estás conmigo, estas en mi contra"

Empezaba así, mi escalonado descenso al infierno. Los demonios a quienes servía en los años de mi juventud, ahora empezaban a mostrar su verdadero rostro para empujarme al abismo.

Todo aquello que había ganado en mala forma, se desvanecía como caída de naipes ante mí. Perdí el trabajo, el negocio que inicie cayó drásticamente y tuve que cerrarlo, mis hijas enfermaban casi que semanalmente, tuve un accidente en el cual destruí un vehículo ajeno y donde casi pierdo la vida, por lo que tuve que vender mi carro para pagarlo.

Cada evento me fue empujando hacia una vida de vicios y juegos de azar. Inicie un camino de trasnochos donde los cigarrillos y el alcohol eran mis compañeros en los juegos de apuestas, que de alguna manera se convirtieron en mi única fuente de ingreso.

Después de meses de frustración, fracasos y desventuras, llegó el punto de quiebre donde todo colapsó y lo inevitable llegó a mi vida. Había llegado al fondo del abismo y créame que el infierno no es cálido.

Incapaz de poder sustentar a mi familia, tuve que enviarlos a casa de mis suegros para asegurarles un sustento, porque yo ya no tenía ni como alimentarlos. Preferí alejarlos de mí, antes que arrástralos al foso en el que estaba mi vida. Desprenderme de mi esposa y mis hijas es de las cosas más duras que he hecho en mi vida.

Después de despedirlas, me regrese a casa. Esa noche, solo y en total oscuridad, me derrumbe al suelo llorando.

No puedo determinar cuántas horas permanecí allí postrado. Solo sé que ya sin lágrimas, y estando aun de rodillas con el rostro al suelo, le dije al Señor en voz alta:

Dios ¿dime que quieres de mí? Ayúdame, porque ya por mis propias fuerzas, me es imposible levantarme.

Y Dios al verme vulnerable acudió a mí. Sin explicación alguna, sentí el golpe de algo pesado que cayó al suelo. ¡Pamm!

Me incorporé, encendí las luces y vi que se trataba de la Biblia que tenía sobre el muro que estaba entre la sala y la cocina; allí reposaba abierta y polvorienta en el salmo 91 ¿Cómo sucedió? No lo sé, no encuentro explicación porque por su peso, no pudo tumbarla la brisa.

El detalle es que cayó justo en frente de mí. La recogí del suelo y vi que estaba abierta al principio de un libro llamado "Deuteronomio". Me senté en la mesa del comedor y sentía que algo en mi interior me decía: ¡Lee, lee, lee!

Confieso que jamás lo había visto, de hecho le digo que nunca antes había leído la Biblia, de ella solo conocía el salmo 91 como todo brujo y nada más; Pero Dios es quien te dice donde, cuando y como comenzar a leer su palabra, y eso era la que quería que leyera.

Era el momento que Dios estaba esperando para tener un encuentro conmigo, el momento que el escogió para estar a solas conmigo. El necesitaba enfrentarme cara a cara, explicarme directamente lo que yo venía haciendo. Él necesitaba reclamarme sobre mis reiteradas ofensas. Dios me estaba hablando, y estaba dispuesto a perdonarme, pero necesitaba ver mi reacción, el interior de mi corazón, solo así me haría salvo.

Esa misma noche leí los 34 capítulos que componen el libro del Deuteronomio en el Antiguo Testamento, leí hasta que amaneció, incluso pude contemplar cuando empezaron a salir los primeros rayos del sol.

Y era como si el libro me hablara directo al rostro, como si me señalara, es una sensación que me cuesta describir con palabras.

Recuerdo que la palabra de Dios me decía: "no existe nada que Dios aborrezca más, que la idolatría". Era como cuando te restriegan algo una y otra vez:

Si hay algo que esta lectura me enseñó y que jamás olvidare, es que: Dios, es un Dios celoso.

Sentí el dedo acusador de Dios justo en mi frente, porque Dios perdona todo tipo de pecados pero la creencia en falsos dioses es la ofensa más terrible, la mayor ofensa contra el Señor.

Me sentí devastado, aborrecible ante los ojos de Dios ¡En que lio estaba metido! Aún recuerdo esa sensación de desprecio por las inmundicias que rodeaban mi vida.

A la luz del alba, tome una resolución con absoluta determinación. Volví a postrarme de rodillas y le dije a Dios con todas las fuerzas de mi corazón:

¡Perdón mi Dios por haberte ofendido, te juro que nunca más te volveré a fallar!

Y ese día selle mi promesa ante Dios. Le prometí que jamás volvería a pecar en su contra, que jamás volvería a adorar a otro dios que no fuese él. Y lloré en su pecho hasta que me quedé dormido en el suelo, y sentí como Dios quitaba de mi vida un enorme peso, me sentí liviano y aliviado.

¡Mi arrepentimiento fue genuino!

Cuando desperté a media mañana, ya sabía lo que tenía que hacer e inmediatamente puse en marcha todo lo que Dios me había enseñado esa noche muy claramente; con decisión ejecuté las acciones que cambiarían mi vida por completo.

Fui a mi caja de herramientas y busqué un martillo, luego busqué en el closet un cajón de madera y me fui a la habitación donde tenía el gran altar, lleno de imágenes, collares, cruces, reliquias y todo lo que la brujería me había dado.

Martillo en mano, le caí a martillazos a todas las imágenes hasta destruir por completo el enorme portal. Luego arrojé al cajón de madera todos los pedazos, revente cada collar y junte todo aquello que representaba idolatría. Tome el cajón y salí de la casa, hasta llegar a un terreno baldío y allí le prendí fuego al cajón con todo lo que allí estaba.

Recuerdo las enormes lenguaradas de fuego que se levantaron como demonios regresando a los infiernos. Yo sabía que lo que había hecho era tremendo y mis acciones habían estremecido el mundo espiritual, estaba renunciando a los demonios a los cuales había servido por años.

Esa fue la primera vez que le di cumplimiento a la palabra del Señor que dice:

"Mas así habéis de hacer con ellos: sus altares destruiréis, y quebraréis sus estatuas, y destruiréis sus imágenes de Asera, y quemaréis sus esculturas en el fuego".

Deuteronomio 7:5

Yo logré renunciar a la idolatría con la única guía de Dios. Y si yo lo hice, sé que también Usted lo puede hacer. Solo tiene que tomar la decisión correcta y pedir a Dios su Perdón. Estoy seguro que Dios no vacilara en rescatarle de la oscuridad.

Ese día aprendí a escuchar la voz de Dios, entendí que él quería hablarme siempre, que él necesitaba rescatarme para cumplir un propósito mayor: ser esa voz que yo no tuve.

Pero debo advertirle, que no basta con renunciar a la hechicería, la brujería y la idolatría, ¡es necesario aceptar a Dios en su vida y en su corazón!

Y eso en mi caso, no pasó de inmediato.

Pasaron varios años en los que tuve que soportar, la retaliación y la venganza del mundo oscuro sobre mi vida. Era el momento de enfrentar las consecuencias de haber servido al demonio por años, y por las que ruego al Padre Usted no llegue nunca a tener que enfrentar.

Usted jamás tendrá idea de lo difícil que es. Por años fui perseguido, fui tentado, acosado, hostigado y atormentado. Muchas veces me sentí desamparado y pensé que perdería la cordura.

Mi vida estuvo llena de ataques constantes del enemigo, atentados y asaltos contra mi vida, contra mi familia, contra mi hogar. Solo sabía de caídas, errores, finanzas destruidas, cada ingreso de dinero se convertía en sal y agua. Lo que para otros era sencillo, para mí fue siempre complejo, de la forma difícil, complicada, llena de trabas y dificultades, puertas cerradas, negativas y ninguna oportunidad. ¡Años muy sombríos!

Pero Dios estaba siempre conmigo, permanecía en silencio pero conmigo. Aunque Usted no lo crea, yo sentía su presencia, ante cada tropiezo él era mi refugio y mi esperanza. A pesar de mis circunstancias, él me daba fuerzas para soportarlo todo. Mi fe permanecía firmemente en él, no desmayé ante ninguna situación, ante ninguna adversidad. Entendía que de alguna manera, él necesitaba probarme y acepté con gozo la dura prueba.

Empecé a conversar con Dios cada día, pero me mantuve alejado de cualquier tipo de religión por más de quince años. Para mí, nada más existía mi fe en él, por lo que no necesitaba que nadie me diera dirección. Rechace cualquier tipo de guía espiritual y mucho menos acepté ninguna consejería. Era solo Dios codo a codo conmigo, aguantando las embestidas de mi pasado.

Y aunque me sentía en comunión con Dios y sabía que tenía una relación con él, debo ser sincero en confesar que no sabía nada de él. Durante todos esos años no leí ni una palabra de la Biblia, porque no quería ser parte de ninguna iglesia, de ninguna forma de congregación.

Puse tierra de por medio, de todo lo que me representara religión, y me aparte de todo lo que pareciera un culto, donde se practicase cualquier tipo de adoración o veneración. Deseché toda creencia que fuera distinta a Dios, para mí solo existía Jehová mi Dios.

Tampoco creía en nadie que viniera a hablarme en nombre de Dios, no toleraba nada que viniera de parte de sacerdotes, pastores, evangelistas o pentecostales; no creía en nada ni en nadie. ¡Solo Dios!

Afortunadamente, ya mi esposa y mis hijas habían llegado a los caminos del Padre. Llevaban un tiempo asistiendo a la iglesia cristiana y ellas fueron mis mentoras de lo que era una vida como cristiano.

Créanme cuando les digo que ellas oraron mucho por mí para que Dios me hiciera un llamado que me acercara a sus propósitos. Incluso sé que personas que ni siquiera conocía estaban orando por mí y fue muchos años después que me enteré y conocí a las personas que oraron por mí sin cesar. ¡Hoy agradezco sus plegarias!

MI familia sabía que necesitaba conocer más íntimamente a Dios y la única forma de hacerlo es a través de la lectura de su palabra. Porque la vida cristiana comienza cuando empiezas a seguir a Jesús, pero para seguirlo debes primero conocerlo y eso solo se logra estudiando los evangelios.

Pero pasaba el tiempo y a mí en lo particular, no me había llegado ningún tipo de llamado como el que decían se siente. Trate por mi cuenta de empezar a leer la Biblia pero me aburría, no la entendía y mucho menos tenía revelación de la palabra, cada vez que iniciaba me quedaba dormido.

No fue sino hasta hace unos pocos años que ese llamado llegó: era como un fuego insaciable por saber de Jesús. Y fue cuando entendí que mi propósito era desnudar lo que representa la idolatría. Era vital derribar los argumentos que por años nos habían hecho fallar ante Dios.

Listo, ya tenía un propósito. Pero como se le habla a la gente que está en la oscuridad, si no conoces primero al Dios del que hablas. Que argumentos le puedo dar, más allá de mi testimonio para persuadirlos.

Si fuese yo, no le haría caso a quien venga a darme sermones sin saber siquiera de quien me habla.

Sabía que tenía que estudiar la palabra, sus personajes, las familias, las historias, el contexto histórico, los escenarios, su situación geográfica, todo y debes aprenderlo velozmente. Y fue allí cuando me apoye en la palabra que dice:

"Y si alguno de vosotros tiene falta de sabiduría, pídala a Dios, el cual da a todos abundantemente y sin reproche, y le será dada."

Santiago 1:5

Y ante mis suplicas, Dios se encargó de eso. Era como cuando empiezas a descargar información en un disco duro nuevo y ves la barra creciendo rápidamente de 0 a 100, así me sentía yo. En lo que empecé a leer la palabra un cumulo de conocimientos empezó a invadir mi mente.

A veces hablaba de cosas que sabía estaban en la Biblia, y no tenía idea de en qué parte se hablaba de eso. Tenía sueños que me mostraban libros e historias de la Biblia y de la nada mencionaba versículos que jamás había leído.

La única explicación, era que Dios me había empezado a llenar de su sabiduría. Ahora tenía revelación de lo que leía. Entendía los mensajes, estaban allí, siempre estuvieron allí. No había nada oculto.

Me dedique a estudiar, razonar y reflexionar sobre las respuestas que recibía a mis cuestionamientos, porque si hay algo que tiene la Biblia, es que Dios ha plasmado en ella las respuestas a todas tus inquietudes. No existe nada que no puedas consultar en la Biblia y de lo que puedas obtener un consejo adecuado.

En ese tiempo de estudio, descubrí los pormenores de lo que significa el bautismo y decidí a los pocos meses, ser bautizado como cristiano. Fue, una experiencia increíble, el poder renacer como nueva criatura al servicio de Cristo Jesús.

Quiero que sepa, que yo vencí la Idolatría no porque soy el más valiente. De no ser por Dios no lo hubiese logrado.

Por eso hoy me considero un humilde Bendecido del Señor que ha recibido la oportunidad de reclamar para Dios, a los que están perdidos.

Dios me ha encomendado liberar a los cautivos de la Idolatría, y me utiliza como una herramienta a su servicio. ¡Por eso escribo este libro!

Solo puedo tener agradecimiento por la autoridad que el Señor me ha dado, para socavar todo intento del enemigo por practicar la brujería, Es una enorme responsabilidad hacer llegar mi voz a los que aún idolatran falsos dioses. Por ello mi testimonio es como un arma capaz de derribar, cualquier altar de santería, de hechicería o espiritismo.

El Señor aún me habla, lo hace todos los días y es mi deber dar testimonio de que es así. Su infinito amor, su misericordia y su bendición, me acompañan todos los días de mi vida, a mí y a mi familia.

Doy gracias cada día porque de no ser por él, no hubiese conocido el verdadero camino hacia la salvación.

Una palabra viva aún me sustenta, y se la quiero regalar para que sea también parte de su vida:

"Por lo cual estoy seguro de que ni la muerte, ni la vida, ni ángeles, ni principados, ni potestades, ni lo presente, ni lo por venir, ni lo alto, ni lo profundo, ni ninguna otra cosa creada nos podrá separar del amor de Dios, que es en Cristo Jesús Señor nuestro."

Romanos 8:38-39

¡A Dios sea, toda la Gloria, toda Alabanza y toda Adoración por siempre!

Pero por favor espere.... Falta algo que yo sé, que aún se está preguntando.

Capítulo VII - ¿Hay Esperanza de Perdón?

Uy que difícil. Yo también me hice esta misma pregunta hace muchos años.

Hoy en día entiendo que de haber seguido en la idolatría mi alma se hubiese perdido irremediablemente en los Infiernos.

Por eso cuando empecé a escribir sobre este tema, sabía que de una manera u otra, iba a herir susceptibilidades, que iba a derrumbar creencias, a desnudar imperios y que iba a impactar de alguna forma su vida.

Pero es mi deber, revelar lo que Dios me ha mostrado, para no dejar caer en las redes del enemigo al incauto.

Sé que incluso cristianos afianzados en la palabra puedan quizás sentirse inquietos por los testimonios que les he mostrado; y deben estar en este instante, hurgando dentro de su propio corazón, para ver si de alguna manera han dejado espacio al enemigo para anidar idolatría en ellos.

La sensación de saber que has fallado es terrible. Pensar que cometiste un error, nada más y nada menos que contra Dios es escalofriante.

Y de ninguna manera, ha sido mi intención atemorizarlo o amedrentarlo al respecto. Esas son tácticas del oscurantismo. Yo solo pretendo mostrarle la verdad, aunque para muchos resulte incómoda.

Porque a todos encanta cuando la Biblia le habla de las innumerables bendiciones que recibirán de parte de Dios; pero cuando le hablan del castigo por sus ofensas o la pérdida de su alma por la perversidad de sus actos, se desconciertan.

Y no es para menos. La Biblia no es para que se ajuste a lo que Usted cree. Es Usted quien debe ajustarse a lo que la palabra le enseña, porque Dios quiere siempre lo mejor para Usted y todo lo que hace es bueno.

Dice la palabra en Eclesiastés 3:14

"He entendido que todo lo que Dios hace será perpetuo; sobre aquello no se añadirá, ni de ello se disminuirá; y lo hace Dios, para que delante de él teman los hombres."

Eso debe ser así, hay que aprender a temer a Dios.

Y para los que piensan que temer a Dios es tenerle miedo, debo aclararle que el temor a Dios se refiere al respeto que debemos tener a Dios. Porque él no quiere que Usted se pierda en caminos de oscuridad, él quiere que Usted sea luz para el mundo.

Pero como Padre que nos ama y anhela lo mejor para nosotros, debe ser firme en su palabra. Él siempre nos habla claro y directo para que le entiendan, no te adorna para nada lo que tiene que decirte:

"¿No saben que los malvados no heredarán el reino de Dios? ¡No se dejen engañar! Ni los fornicarios, ni los idólatras, ni los adúlteros, ni los sodomitas, ni los pervertidos sexuales, ni los

ladrones, ni los avaros, ni los borrachos, ni los calumniadores, ni los estafadores heredarán el reino de Dios".

1 Corintios 6: 9-10

Pero no tema, ¡Si hay esperanza!

La palabra nos alienta a tener esperanza después de la prueba:

"Y no sólo esto, sino que también nos gloriamos en las tribulaciones, sabiendo que la tribulación produce paciencia; y la paciencia, prueba; y la prueba, esperanza."

Romanos 5:3-4

Si Usted siente que de alguna manera ofendió a Dios creyendo en imágenes e idolatría, dando el primer lugar a personas y cosas ajenas a Dios, apartando al Señor de sus caminos y tomando su nombre en vano; sepa que si hay esperanza, hay esperanza de perdón, hay esperanza de salvación, esperanza de justicia, esperanza de redención.

No dude jamás de la capacidad de Dios de perdonar, y más cuando existe un verdadero arrepentimiento en su corazón.

Recuerda cuando le dije que Usted no era el único que había sido engañado, conmigo también lo hicieron y pude redimirme.

Y el Señor no dudo en darme la oportunidad de acercarme a él. Por medio de Jesús conocí los caminos de salvación, para servirle y llevar una verdadera vida en Cristo Jesús.

"Porque yo sé muy bien los planes que tengo para Ustedes afirma el Señor, planes de bienestar y no de calamidad, a fin de darles un futuro y una esperanza."

Jeremías 29:11

Dios no quiere que ningún alma se pierda, el más que nadie quiere darle perdón a su arrepentimiento. Somos nosotros un pedacito de él, porque fuimos creados a su imagen y semejanza ¿Cómo cree que Dios dejará perder un pedacito de su ser?

No pierda Usted la esperanza jamás. Porque sin esperanza no es posible redimirse de las culpas.

Dios es siempre una fuente de oportunidad, él nunca le restregará en la cara su pasado, por medio de su hijo Jesús es el único capaz de perdonar sus ofensas y romper con las cadenas del pecado, él es el perdonador por excelencia:

"Quien encubre su pecado jamás prospera; quien lo confiesa y lo deja halla perdón. ¡Dichoso el que siempre teme al Señor! ...."

Proverbios 28:13-14

Yo sé que Usted aún quiere saber: ¿si yo recibí perdón de parte de Dios?

Le confieso que hubo un tiempo que pensé que no. Durante los años en que Dios probó mi fidelidad, eran tan agobiantes las pruebas y adversidades que aunque sabía que Dios estaba conmigo, pensaba que había aún una gran brecha entre el perdón y yo.

70

Pero hoy día estoy plenamente seguro que sí fui perdonado. Y lo sé, porque aprendí cual es la base del perdón: el arrepentimiento.

¡Solo del arrepentimiento genuino del corazón nace el perdón!

La misericordia de Dios es tan grande que ante el arrepentimiento, solo hay cabida para el Amor y para el Perdón. Si no, no hubiese enviado a su hijo a morir en la cruz por nuestros pecados.

Y si me perdonó a mí, ¿porque no lo hará con Usted?

Hoy día sirvo al Señor con alegría, en todas las formas que me sea posible. Cada vez que me llama le digo sin titubear "heme aquí", incluyendo el día que me dijo: *escribe sobre la idolatría y desnuda al monstruo que una vez, derribamos juntos*.

Y esa oportunidad la obtuve, cuando alcanzas una verdadera relación de comunión con Dios. Hoy en día tengo un propósito en Dios, lo conozco y sigo ese propósito.

Por ello le voy a recomendar algo que hice en los últimos quince o quizás veinte años antes de llegar a los pies del Señor y que no le mencione antes: Me dediqué de forma muy especial a redimir mis culpas ante el Padre ¿Cómo?

No fue fácil, pero empecé a buscar a cada persona que de alguna manera hice caer y llevé a los caminos del espiritismo o la santería.

Y no solo les hablé de Dios, aproveche cada ocasión y les pedí perdón. Luego los hice abandonar toda falsa creencia y les mostré el camino de verdad que es Cristo Jesús.

Básicamente los persuadí con los mismos argumentos que el Señor me entregó, para hacerme entender mi error y en todos los casos, logré arrancarlos del abismo de perdición al que yo mismo una vez los empujé.

No digo que todos a quienes le hablé son salvos o son cristianos convertidos hoy día, eso no me corresponde a mí. Pero sé que me perdonaron y eso para mí, es paga suficiente por mis ofensas.

Así que le aconsejo, que si alguna vez ofendió a alguien, búsquelo y pídale perdón. Si alguna vez sintió ofender a Dios, no dude en pedirle perdón desde su corazón, ¡Él le perdonará!

Consejo para toda la vida: Lea la Biblia y se estará acercando más a Dios. Converse con Dios cada día, y establecerá una relación inquebrantable. Recuerde a Daniel.

Espero con el relato de este libro haber cambiado de alguna manera su vida. Deseo haber sido un instrumento para abrir sus ojos a la luz. Ansío que mi testimonio lo haya impactado para arrepentirse de sus ofensas.

Pero me daré por servido, si Usted se compromete a partir de hoy a despojarse de las cosas que aun idolatra sin saberlo.

Dejo a Usted la bendición que el Apóstol Pablo dejo a los romanos:

"Y el Dios de esperanza os llene de todo gozo y paz en el creer, para que abundéis en esperanza por el poder del Espíritu Santo."

Romanos 15:13

¡Gracias por la oportunidad!

Referencias Bibliográficas

Todas las referencias y escritos Bíblicos que han sido tomados y extraídos para la elaboración del presente libro, se corresponden a las siguientes versiones bíblicas:

Biblia Reina Valera 1960
Biblia Nueva Traducción Viviente
Biblia Católica (Latinoamericana)
Biblia Nueva Versión Internacional
Biblia Traducción en lenguaje actual (TLA)

Y pueden ser consultadas en Web Libre la "Biblia Online - BibliaTodo":
https://www.bibliatodo.com/la-biblia
Definición Imagen https://artsandculture.google.com/entity/m0jg24?hl=es
Definición Ídolo https://www.rae.es/drae2001/%C3%ADdolo
Definición Ídolo https://artsandculture.google.com/entity/m09xv7p?hl=es
Definición Culto https://www.rae.es/drae2001/culto
Definición Idolatría https://brainly.lat/tarea/29920064
Definición Iglesia Católica de Wikipedia, la enciclopedia libre https://es.wikipedia.org › wiki › Simón Pedro
Definición de Papa
https://www.juntadeandalucia.es/
Película El Exorcista https://es.wikipedia.org/wiki/El_exorcista_(pel%C3%ADcula)
Definición de Santos en Hebreo https://www.churchofjesuschrist.org/manual/old-testament-seminary-student-study-guide/the-book-of-leviticus/leviticus-19-20
¿Cuántas religiones hay en el mundo?
https://elordenmundial.com/cuantas-religiones-hay-mundo/#:~:text=Seg%C3%BAn%20un%20estudio%20del%20Pew,%2C2C2%25%20por%20el%20juda%C3%